Heimat- und Sachunterricht

DER TAUSENDFÜSSLER

4. Schuljahr

erarbeitet von Rolf Siller, Wolfgang Klier,
Reinhold Müksch, Bernd Rechel

Illustriert von Wolfgang Metzger

Verlag Ludwig Auer Donauwörth

Die 4. Klasse von Bastian, Katrin und Nico hat sich für das neue Schuljahr viel vorgenommen. Zunächst sehen sie sich gemeinsam die Themen für den Heimat- und Sachunterricht an.
Zusammen mit dem Lehrer legen sie fest, in welcher Reihenfolge sie diese bearbeiten wollen. Es ist toll, was manche über einzelne Gebiete schon wissen:

Bastian: „Schon seit 3 Jahren sammle und presse ich Pflanzen. Kann ich meine Sammlung einmal vorstellen?"

Katrin: „Ich kenne den Lokalreporter der Heimatzeitung. Ich frage ihn, ob er uns in der Schule einmal besucht!"

Nico: „Mein Vater ist bei der Feuerwehr! Bestimmt können wir einmal die Feuerwache besichtigen und vielleicht sogar auf dem Feuerwehrauto mitfahren."

So hat fast jeder in der Klasse sein besonderes Steckenpferd, von dem er im Unterricht den anderen berichten kann. Das gibt schon ein Stück, wenn die ganze Klasse ein Jahr lang so arbeitet. Dann kann sie am Schuljahresende eine tolle **Ausstellung** machen, oder vielleicht doch eher ein **Heimatbuch** oder eine **Wandzeitung**. Doch das wissen die Schüler jetzt noch nicht genau.
Damit aber nichts verlorengeht, tragen sie, was immer sie finden, in Sammelmappen und Materialkästen zusammen: Zeitungsausschnitte, Prospekte, Bilder, Poster, eigene Ideen, Berichte und Zeichnungen. Alles, was sie finden und interessiert, wird geordnet und aufbewahrt.

Wir planen

Kennst du den **Arbeitsplatz** deines Vaters oder deiner Mutter? Und was willst du werden? Seite 52–59.

Sich schmücken wie die Kelten, **sich kleiden** wie die Römer, **schreiben** wie im Mittelalter. All das bieten die Seiten 44–51.

Aber nur wenn's wirklich brennt! Mehr übers **Feuer** auf den Seiten 38–43.

Einkaufen will gelernt sein! Damit ihr auch bei heißer **Werbung** einen kühlen Kopf behaltet, solltet ihr die Seiten 30–37 gut durcharbeiten.

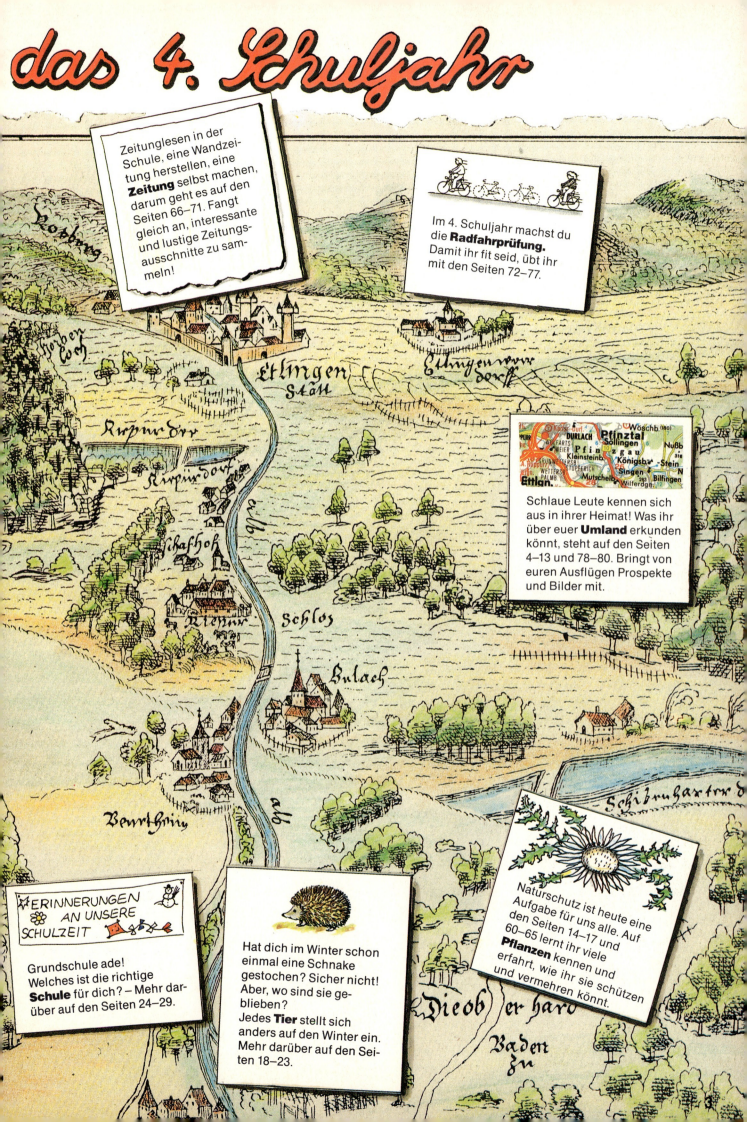

Mit Karte und Kompaß

Katrin, Bastian und Nico verbringen mit ihrer Pfadfindergruppe eine Freizeit auf dem Bodanrück, der großen Halbinsel im Bodensee.
Ihr Zeltplatz ist an einem Waldrand gelegen, hoch über dem kleinen Ort Wallhausen. Von hier aus haben sie schon einige interessante Radtouren in die nähere Umgebung unternommen; so z. B. auf die Insel Reichenau, Deutschlands größten Gemüsegarten, wo sie das Heimatmuseum sowie die berühmten Klosterkirchen aus dem frühen Mittelalter besuchten. Eine andere Tour führte sie zum Naturschutzgebiet des Mindelsees, an seinem Südufer entlang hinauf zum Wild- und Freizeitpark des Bodanrück.
Ein anderes Mal radelten sie zu der wunderschönen Blumeninsel Mainau, auf der sie Palmen und andere tropische Pflanzen bewundern konnten.

unterwegs

Die Pfadfinder wollen heute ein großes Waldläuferspiel veranstalten. Die Kinder starten in zwei Gruppen, die von einem erfahrenen Pfadfinder begleitet werden. Jede Gruppe erhält eine Wanderkarte und einen Kompaß. Auf der Karte sind die vorgeschriebenen Wanderwege eingetragen. Außerdem erhält jede Gruppe ein Blatt, auf dem fünf Aufgaben beschrieben sind, die unterwegs gelöst werden müssen. Es geht darum, die Wegstrecke möglichst zügig zurückzulegen und alle Aufgaben richtig zu lösen.
Ziel ist das Bisongehege in der Nähe der Ruine Altbodman.
Hier werden die Kinder um die Mittagszeit erwartet; es wird schon etwas Köstliches vorbereitet, um Hunger und Durst der Wanderer zu stillen.

Dies ist die Wanderkarte, die unsere Pfadfinder auf ihrer Wanderung dabei hatten.
Wir haben sie nur etwas vervollständigt, so daß ihr die Aufgaben anhand der Karte lösen könnt. Zwei davon könnt ihr allerdings nicht lösen. Welche sind es?
Vielleicht könnt ihr in euerer Umgebung auch einmal ein ähnliches Waldläuferspiel veranstalten. Sicher gibt es ein paar Eltern, die euch dabei helfen.

Gruppe 1

1. Geht vom Ausgangspunkt nach Wallhausen und von dort in nordwestlicher Richtung am Seeufer entlang den Wanderweg nach Bodman. Nach etwa 800 Schritten seht ihr rechts von euch auf dem See, 50 m vom Ufer entfernt, ein Seezeichen mit einem Verbotsschild. Findet heraus, welche Besonderheit sich hier – meist unter der Wasseroberfläche verbirgt.
2. Folgt diesem Wanderweg nun weiter; nach etwas mehr als 1 km werdet ihr an eine Grillstelle kommen. Im Umkreis von 100 m könnt ihr etwas Besonderes entdecken.
3. Nach einem weiteren km erreicht ihr die Marienschlucht. Steigt durch die Schlucht hinauf und zählt die Stufen!
4. Euer Weg führt nun zu dem Ort Langenrain. Schon von weitem erkennt ihr links der Straße ein großes Gebäude.
5. Vom Wanderparkplatz westlich von Langenrain aus sind es noch 3,5 km zum Bisongehege. Dieser Weg führt stetig bergauf. Etwa 500 m vor dem Ziel findet ihr rechts vom Weg eine Burgruine. Wie heißt sie?

Gruppe 2

1. Vom Zeltplatz aus wandert ihr auf dem Fernwanderweg in nordwestliche Richtung zum Burghof, der jetzt als Forsthaus dient. Welche Jahreszahl findet ihr über dem Eingang? Notiert sie!
2. Nach ungefähr 2 km gelangt ihr zum oberen Eingang der Marienschlucht; dort befindet sich eine Burgruine. Findet heraus, wie sie heißt!
3. Nun steigt durch die Schlucht hinab zum See. Hier befindet sich ein Landesteg für Linienschiffe. Seht auf dem Fahrplan nach, wohin ihr von hier aus mit dem Schiff gelangen könntet!
4. Wandert jetzt weiter in Richtung Bodman. Nach etwa 3 km zeigt ein Hinweisschild in ein Tal hinein. Sein Name verrät eine Naturerscheinung, die ihr euch nicht entgehen lassen solltet.
5. Nun seid ihr bald in dem kleinen Dorf, das dem Bodensee seinen Namen gab. Von hier aus steigt ihr hinauf zur Ruine Altbodman. Davor findet ihr eine Tafel, auf der die Jahreszahl der Zerstörung steht. Notiert sie!

Wir lernen Karten lesen

Vergleicht diesen Kartenausschnitt mit der Baden-Württemberg-Karte auf Seite 8.

Katrin, Nico und Bastian sind wieder zurück von ihrem Pfadfinderaufenthalt am Bodensee. Bei ihren Ausflügen auf dem Bodanrück hat Bastian viele Fotos gemacht. Er zeigt seinen Klassenkameraden ein paar davon und erklärt ihnen auf der Karte, wo sie überall waren.

„Mal sehen, ob ihr auf der Karte die Stellen findet, wo ich diese Bilder aufgenommen habe!", fordert Bastian seine Mitschüler auf. Sie studieren Karte und Bilder ganz genau, und schließlich gelingt es ihnen, Bastians Aufgabe zu lösen. Ob es euch auch gelingt?

Dieses Foto hat Bastian gekauft. Es zeigt den Bodanrück vom Flugzeug aus.

Dies ist eine „topographische" Karte, d. h. hier sind alle Einzelheiten der Landschaft ganz genau eingezeichnet.
- Stellt fest, wo sich die höchste Erhebung des Bodanrück befindet!
- Wieviel m über dem Meer liegt der Bodensee, wie hoch der Mindelsee?
- Auf der Karte sind zahlreiche Naturschutzgebiete eingezeichnet. Findet ihr sie?
- Anhand der Höhenlinien könnt ihr erkennen, wo das Gelände am steilsten abfällt.
- Wo befinden sich die schönsten Aussichtspunkte?
- Legt selbst eine Wanderroute fest; vermeidet dabei möglichst Straßen mit Autoverkehr!
- Schätzt die Zeit ab, die ihr brauchen würdet (für 4 km etwa 1 Std.).

Solche genauen topographischen Karten gibt es auch für euer Heimatgebiet. Besorgt sie euch und führt daran ähnliche Aufgaben durch!

… und wo seid ihr zu Hause?

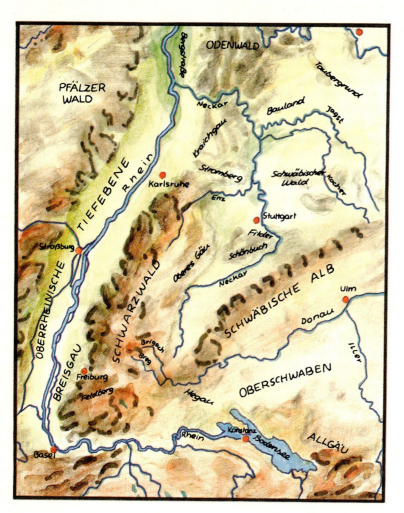

Dies ist eine Landkarte von Baden-Württemberg. Irgendwo werdet ihr darauf auch euere nähere Umgebung finden. Liegt euer Heimatort in einer der eingetragenen Großlandschaften?

Nico, Katrin und Bastian blicken über ihr Heimatgebiet. Mit dem Fernglas können sie viele Dinge erkennen. Manches davon ist sicher auch für euere Landschaft typisch. Wie sieht ein „Steckbrief" euerer Landschaft aus?

Ich wohne in Stuttgart. Bei uns ist viel Verkehr, weil hier viele Menschen wohnen und arbeiten. Ich traue mich selten mit dem Fahrrad auf die Straße; wenn ich zu meinem Freund fahre, nehme ich die S-Bahn. Natürlich gibt es auch bei uns schöne Parkanlagen und Spielplätze.

Ich wohne auf der Schwäbischen Alb. Bei schönem Wetter habe ich von ihrem nördlichen Rand eine herrliche Aussicht über die vorgelagerten Berge, die wie Kegel aussehen. Viele Klassen besuchen auf ihren Ausflugsfahrten die Tropfsteinhöhlen und Burgen in unserer Umgebung.

Städte, Dörfer, Gehöfte

Äcker, Wiesen, Weiden, Weinberge

Industriegebiete

Wege, Straßen, Autobahnen, Eisenbahnen

Rheinebene

Wir erkunden

In diesem Schuljahr soll die Klasse von Katrin, Nico und Bastian die Umgebung ihres Heimatortes näher kennenlernen.

Die Kinder sprechen gerade darüber, wo sie in ihrer näheren Umgebung schon überall waren und erzählen ihre Erlebnisse.

Nach diesem Gespräch sammeln die Kinder wichtige Fragen.

Jedes Kind schreibt das, was es über das Umland erfahren möchte, auf eine Karte.

Ich war schon am Baggersee.

Am Sonntag war ich mit meinen Eltern in einem Wildgehege in unserer Umgebung.

- Wohin fließen die Bäche und Flüsse?
- Wo haben die Menschen früher in unserer Umgebung gewohnt und wie haben sie gelebt?
- Welche ganz großen Fabriken gibt es?
- Wohin können wir einen Ausflug machen?
- Wer kennt alle Orte im Umkreis von 10 km?
- Zu welchen größeren Orten können wir mit Bahn oder Bus gelangen?
- Sind Burgen und Schlösser in unserer Nähe?
- Welche Sehenswürdigkeiten können wir besichtigen?
- Wo ist die höchste Erhebung?
- Gibt es in der Nähe Naturschutzgebiete mit seltenen Tieren und Pflanzen?
- Wohin führen die wichtigsten Straßen?
- Kann man in unserer Gegend irgendwo Versteinerungen finden?
- Welche Seen gibt es in der Umgebung?

Da diese Aufgaben sehr umfangreich sind, teilen die Schüler die Arbeit in Gruppen auf.
Dasselbe könnt ihr auch in euerer Klasse tun.
Bestimmt interessiert jeden von euch ein Thema ganz besonders.
Wenn ihr die Gruppen gebildet habt, müßt ihr noch einmal genau aufschreiben,
– was ihr erkunden wollt,
– was ihr besorgen müßt,
– welche Aufgabe jeder übernimmt.

unser Umland

Wir sind die Kapitäne der Straße

Gruppe 1: Wir fahren in die Welt
– Notiert die wichtigsten Verkehrswege, die aus unserem Ort hinausführen!
– Schreibt die nächsten Bahn- und Bushaltestellen auf!
– Besorgt euch Straßenkarten und Fahrpläne!
– Zeichnet die Ortsausgangsschilder ab!
– Legt eine Entfernungstabelle zu den Nachbarorten an!
– Sucht sichere Radwege heraus und plant eine Radtour!

Gruppe 2: Über Berg und Tal
– Sucht in Karten Höhenangaben heraus.
– Bestimmt den höchsten und den tiefsten Punkt in unserer Gemarkung und in unserem Landkreis.
– Notiert die bekanntesten Berge und Täler.
– Welche Bäche und Flüsse gibt es, wo entspringen und münden sie?
– Sammelt Landschaftsbilder und stellt sie aus.

Gruppe 3: Durch Wald und Flur
– Erkundigt euch, was die Landwirte bei uns am häufigsten anbauen.
– Sammelt Gesteinsproben und bestimmt sie.
– Welche Baumarten und andere Pflanzen prägen das Bild unserer Landschaft?
– Wo gibt es Naturschutzgebiete?

Wir sind die Mammutjäger

Gruppe 4: Aus alten Zeiten
– Sucht Spuren aus der Vergangenheit!
– Sammelt Bilder und Texte!
– Besucht Museen und Baudenkmäler!
– Befragt Heimatforscher!
– Sammelt Sagen aus unserer Heimat!
– Wo haben die Menschen früher gewohnt, wie haben sie gearbeitet und sich ernährt?

Gruppe 5: Reisebüro
– Welche Freizeitmöglichkeiten könnt ihr in unserer Umgebung empfehlen?
– Legt eine Freizeitkarte an!
– Sammelt Prospekte, Bilder und Karten!
– Plant einen Ausflug!

Ihr könnt eurer Gruppe auch einen passenden Namen geben.
Jede Gruppe überlegt zuerst, wo sie Informationen herbekommen kann. Die Kinder beschaffen sich ihr Material selbst, ordnen und werten aus.

Wir fahren in die

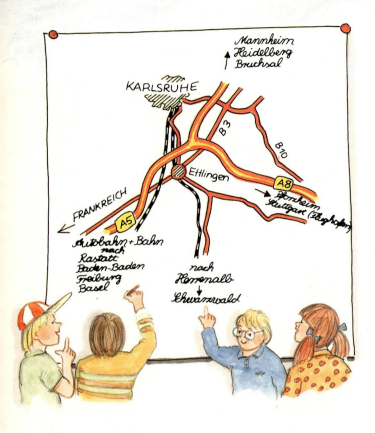

Die Gruppe 1 hat hier ein großes Plakat aufgehängt, auf dem die Kinder eintragen, wohin sie von ihrem Heimatort aus gelangen können und welche Verkehrsmittel zu benutzen sind. Was diese Kinder hier tun, könnt auch ihr für eueren Ort machen.

– Stellt fest, welche Bahn- und Busverbindungen ihr von euerem Ort aus habt!
– Vielleicht kann man von euerem Ort aus auch mit dem Schiff verreisen?

– In Stuttgart ist Baden-Württembergs einziger Großflughafen. Von hier aus kann man in die ganze Welt fliegen.
– Wie gelangt man von euch aus zum Stuttgarter Flughafen? Findet es heraus!

Welt

Diese Gruppe plant einen Jahresausflug für ihre Klasse.
„Das Ausflugsziel sollte aber nicht weiter als 40 Kilometer entfernt sein, sonst wird die Sache zu teuer", meint der Lehrer, „und eine kleine Wanderung sollte auch dabei sein."
Bei einem richtigen Reisebüro erkundigen sich die Kinder, wo es in diesem Umkreis interessante Ausflugsziele gibt. Sie besorgen sich Prospekte, Karten und Fahrpläne.
Jetzt erarbeiten sie drei verschiedene Ausflugsvorschläge, die sie ihren Mitschülern vorstellen. Sie haben auch ausgerechnet, wieviel es für jeden kostet.
Nun soll abgestimmt werden!
Ob sie wohl mit dem Omnibus oder mit dem Zug fahren werden? Zu einer Burg, einer Tropfsteinhöhle oder einem Tierpark?
Ihr könnt **eueren** Jahresausflug auch selbst planen!
Es gibt sicher viele Erwachsene, die ihr fragen und um Auskünfte bitten könnt!

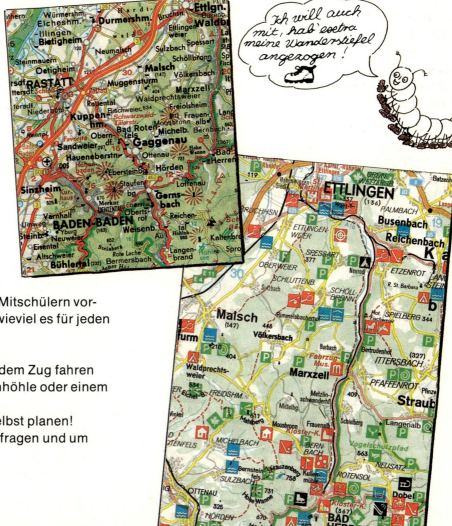

PFLANZEN VERBREITEN

Wie kommt die Heckenrose auf diesen hohen Felsen?

Vielleicht hat eine Hagebutte in einer Felsritze Halt und Nahrung gefunden, denn Hagebuttenkerne sind die Samen der Heckenrose.
Doch wie kam die Hagebutte auf die Felsenspitze?
Der Wind kann sie nicht hochgeblasen haben, und Beine hat sie auch nicht. Aber es gibt Vögel, die Hagebutten fressen und dabei die Kerne verschlucken. Die Kerne gehen unbeschädigt durch Magen und Darm der Vögel.
Sicher hat ein Vogel in der Nähe Hagebutten gefressen und später hier oben auf dem Felsen seinen Kothaufen hingesetzt. In dem Kot befanden sich auch Hagebuttenkerne. Aus den Samen ist die Heckenrose entstanden.

Übrigens, wußtet ihr schon,

- daß Hagebutten erst nach dem ersten Frost ganz reif und weich werden?
- daß man aus Hagebutten Tee und Marmelade kochen kann?
- daß Hagebutten sehr reich an Vitamin C und deshalb gesund sind?
- daß die behaarten Hagebuttenkerne als Juckpulver benutzt werden können?

Pflanzen sind an einen bestimmten Ort gebunden, den sie nicht verlassen können. Wie gelingt es ihnen trotzdem, sich oft über weite Entfernungen weg zu verbreiten?

Wenn ihr unten die Bilder genau anschaut, könnt ihr es selbst herausbekommen.

Früchte und Samen

Löwenzahn, Walnuß, Klette, Ahorn, Asternsamen, Kastanie, Linde, Lärche, Ginster, Eichel, Haselnuß, Hagebutte, Sonnenblume, Holunder, Schlehe, Schneebeere, Kirsche

Die Buchstaben im roten Feld ergeben den Namen von kleinen Pflanzen, die aus Samen gezogen werden.

Wie Pflanzen ihre Samen verbreiten
- Pflanzen verbreiten ihre Samen selbst — Springkraut
- durch den Wind — Lindenblüten
- durch Tiere
- durch den Menschen

IHRE SAMEN

> Samen sind kleine Pflanzen im Zustand der Ruhe. Sie haben ausreichend Nährstoffe bei sich und sind von einer schützenden Hülle umschlossen.

Pflanzen erzeugen Samen. *Aus Samen entstehen Pflanzen.*

Wind und Insekten bestäuben die Blüten von Pflanzen. Nur so können Früchte entstehen und mit ihnen Samen.

Garten-Ratgeber

Am besten geht der Samen auf, wenn er nicht älter als ein Jahr ist.
Manche Samen kann man aber auch mehrere Jahre aufbewahren. Wenn sie trocken und luftdicht verschlossen sind, können sie noch nach mehreren hundert Jahren zum Keimen gebracht werden.

Das könnt ihr tun!

- Sammelt bei eurem nächsten Lerngang Früchte und Samen von verschiedenen Pflanzen!
- Schreibt Namenskärtchen dazu und macht eine Ausstellung!
- Wie viele Samen haben die mitgebrachten Früchte und Fruchtstände? Versucht sie zu zählen!
- Samen werden auf verschiedene Weise verbreitet. Versucht die verschiedenen Verbreitungsarten herauszufinden und legt eine Tabelle an!
- Laßt aus einem Fenster „Windsamen" fallen. Meßt die Zeit, bis sie auf dem Boden angekommen sind, und beschreibt die Art der Flugbewegung!
- Weicht über Nacht Feuerbohnen in etwas Wasser auf und schneidet sie dann durch! Was seht ihr? Fertigt eine Zeichnung an!
- Setzt die Samen einiger Pflanzen in die Erde! Gießt sie regelmäßig und beobachtet sie!

Wir vermehren

An der **Grünlilie** könnt ihr beobachten, wie aus einem kleinen Ableger eine neue Pflanze entsteht. An langen Seitentrieben wachsen junge Grünlilien mit kleinen Wurzeln: Man nennt solche Jungpflanzen „Kindel". Wenn ihr die Jungpflanze in einen Blumentopf setzt, dann kann anfangs das Kindel durch den Ausläufer mit der Mutterpflanze verbunden bleiben. Wenn sich genügend Wurzeln gebildet haben, solltet ihr jedoch den Ausläufer mit einem Messer durchschneiden. Nun habt ihr eine neue Pflanze, die nicht aus Samen hervorgewachsen ist.

Es gibt viele junge Pflanzen, die nicht aus Samen gezogen werden, sondern aus verschiedenen Pflanzenteilen:
– aus Blättern, wie zum Beispiel das Usambaraveilchen,
– aus Triebstücken, wie die Johannisbeere,
– aus Ausläufern, wie die Erdbeere.

Solche Pflanzen gleichen ihrer Mutterpflanze ganz genau, sie sind zunächst nur etwas kleiner. – Aus schwächlichen und kränklichen Pflanzen entstehen selten gesunde Jungpflanzen. Deshalb solltet ihr aufpassen und nur von kräftigen und gesunden Pflanzen Nachkommen ziehen.

Wie die Grünlilie vermehrt sich auch die **Erdbeere** durch Ausläufer. Nach der Blütezeit treibt die Pflanze mehrere Ausläufer mit jungen Pflänzchen. Die kleinen Wurzeln fassen im Boden Fuß. Später stirbt der Ausläufer ab. Der Gärtner benutzt immer nur den ersten Trieb eines Ausläufers zum Anlegen eines neuen Erdbeerbeetes.

Das **Usambaraveilchen** läßt sich leicht vermehren, indem man Blätter in die Erde steckt.

Wenn der Gärtner neue **Johannisbeersträucher** heranziehen will, sucht er sich die besten Sträucher aus, schneidet Stücke von jungen Trieben ab und steckt sie einfach in die Erde. Am unteren Ende bilden die Stecklinge Wurzeln, und es entsteht ein neuer Strauch.

und tauschen Pflanzen

Es gibt Pflanzen, bei denen aus einem Blatt oder einem Zweig ganz neue Pflanzen entstehen können. Schneidet man zum Beispiel von der Buntnessel ein Triebstück ab, stellt es ins Wasser und pflanzt es später in Erde, so entsteht eine neue Pflanze.
Es gibt also Pflanzen, die sich auch ohne Samen vermehren können. Sie sind deshalb besonders geeignet zur Vermehrung im Klassenzimmer: Du brauchst nicht auszusäen und ersparst dir damit Zeit.

Sammelt ihr auch gerne Kakteen?

Diese dornigen Pflanzen wachsen normalerweise in sehr trockenen und heißen Gebieten. Wir halten sie als Zierpflanzen wegen ihres eigenartigen Aussehens und den farbenfrohen, leuchtenden Blüten.
Ein Seitentrieb läßt sich leicht aus der Mutterpflanze herausdrehen und in sandige Erde pflanzen. Der neue Kaktus darf aber nicht zu oft gegossen werden, da sein fleischiger Sproß Wasser speichert, wodurch er lange Trockenzeiten überstehen kann.

Katrin hat eine ganz besondere Pflanze mitgebracht, das **„Brutblatt"**. An ihren Blatträndern bilden sich kleine Knospen, aus denen sich Minipflanzen mit haarfeinen Würzelchen entwickeln. Schon bei geringen Erschütterungen fallen sie auf den Boden und wurzeln ein. Man kann das Brutblättchen einfach auf Erde in einen Blumentopf legen.

„Heute ist es aber noch frisch", denkt Bastian, als er an einem Herbstmorgen in die Schule geht. Er ist froh, daß er sich seinen dicken Pullover übergestreift hat.

Da entdeckt er eine Amsel, die aufgeplustert im Gebüsch sitzt. Ob sie wohl krank ist? Als Bastian langsam auf sie zugeht, wird ihr Gefieder schnell glatt, und sie streicht mit warnenden Rufen ab.
Bastian schaut recht verdutzt?

DER NÄCHSTE

Wer einen Vogel im Käfig hält, weiß, daß zu bestimmten Zeiten viele Federchen in und um den Käfig liegen. Diese Zeit nennt man Gefiederwechsel oder Mauser. Vor der kalten Jahreszeit wachsen besonders den Vögeln im Freien viele dichte Flaumfedern oder Daunen. Zwischen den Federn bilden sich Luftpolster, die helfen, die Kälte abzuhalten.

Die meisten Tiere, die ein Fell tragen, werden von der Natur für den Winter ausgerüstet. Bei dem Haarwechsel vor der kalten Jahreszeit bildet sich vor allem eine dichte Unterwolle, die unter den Deckhaaren verborgen ist. Dieser Winterpelz schützt besser vor Kälte und Nässe.
Das Hermelin wechselt zusätzlich sein bräunliches Sommerfell gegen einen schneeweißen Winterpelz, um eine bessere Tarnung zu besitzen.

WINTER KOMMT BESTIMMT!

Auf dieser Seite kannst du folgende Tiere entdecken: Stallkaninchen, Hühner, Enten, Hermelin, Eidechse, Dachs, Fuchs, Hamster, Amsel, Storch, Mehlschwalbe, Kuckuck, Grasmücke.
Besorgt euch verschiedene Arten von Federn!
Sprich mit einem Hundebesitzer über den Haarwechsel!
Daß auch Menschen gerne Pelze tragen, bedroht bestimmte Tierarten!
Besonders leichte und warme Federbetten sind mit Daunen gefüllt!
Warum wohl?

Wenn die Tage kühler werden, ziehen sich die Insekten in ihre Winterquartiere zurück. Für die insektenfressenden Vögel gibt es nur noch wenig oder gar kein Futter mehr. Sie können nicht bei uns überwintern.
Diese Vögel fliegen oft über Tausende von Kilometern in die warmen Länder Afrikas, um dort die Wintermonate zu verbringen. Man nennt sie deshalb Zugvögel.
Erst im Frühjahr kehren sie wieder zurück, um bei uns zu brüten. Erstaunlich ist, daß sie über so große Entfernungen oft genau an den Ort zurückfinden, von dem sie im Herbst weggezogen sind.

Wenn die ersten kalten Nächte den nahenden Winter ankündigen, suchen sich die Tiere einen geschützten Platz als Winterlager. Fliegen schlüpfen in Ritzen von Mauern und Bäumen. Eidechsen bevorzugen versteckte Winkel unter Steinen und Erdhöhlen. Unter Laubhaufen und im Kompost gibt es weitere Verstecke.

Im Herbst sind überall die Früchte reif. Der Tisch ist reich gedeckt. In dieser Zeit fressen sich viele Tiere eine dicke Fettschicht an, von der sie im Winter zehren und die sie auch gegen die Kälte schützt. So mästen sich Dachs und Igel, Rehe und Wildschweine.

Zur Erntezeit herrscht oft großer Nahrungsüberfluß. Vieles verdirbt, was dann im Winter fehlt. Deshalb legen sich auch Tiere Vorräte an. Der Hamster sammelt Ähren und trägt sie in eine unterirdische Vorratskammer. Der Maulwurf hat in seinem Bau eine Kammer mit einem Vorrat an Regenwürmern.

schlafen!

Frische Knospen sind eine willkommene Nahrung.

Das Eichhörnchen verläßt manchmal seinen Kobel, um von den versteckten Vorräten zu fressen.

Der Igel schläft.

Die Erdkröte hockt unbeweglich in ihrem Winterlager.

Hungrig ist der Igel aufgewacht und sucht gleich etwas zum Fressen.

Aufgewacht wandert die Erdkröte sofort zu ihrem Laichplatz.

Wenn es draußen frostig wird, bleiben Winterruher viele Tage unsichtbar. Sie liegen bewegungslos da und schlafen, wobei ihre Körpertemperatur kaum absinkt. Bei schönem Wetter oder wenn sie Hunger haben, bedienen sie sich aus ihren Vorräten. Zu den **Winterruhern** gehören auch Hamster, Maulwurf und Dachs.

Die **Winterschläfer** legen sich im Herbst in ihr Winterlager und schlafen viele Wochen hindurch, bis die kälteste Zeit vorbei ist. Das Herz macht nur wenige Schläge in der Minute. Der Atem geht ganz langsam. Die Körpertemperatur sinkt bis wenige Grade über 0° C ab. Ihr Körper wird wieder warm, wenn sie zu erfrieren drohen.
Andere Winterschläfer sind Siebenschläfer, Murmeltier und die Fledermäuse.

In den ersten frostigen Tagen verkriechen sich die meisten Insekten und Lurche in Spalten, Ritzen und Höhlen. Sie werden durch die Kälte starr und steif. In sehr kalten Wintern erfrieren viele von ihnen. Erst die wärmende Frühjahrssonne weckt sie aus ihrer **Winterstarre** wieder auf.

Januar — Februar — März — April

Da bin ich wieder!

- Überlegt, warum oft gerade dort junge Bäumchen zu finden sind, wo Eichhörnchen leben!
- Nun kennt ihr den Unterschied zwischen Winterruher und Winterschläfer. Berichtet!
- Versucht herauszufinden, woher der Siebenschläfer seinen Namen hat!

Siebenschläfer. Lebt in Wäldern und Obstgärten. Körperlänge 15 cm, Schwanz 13 cm. Geht nachts auf Nahrungssuche.

WIR HELFEN

Wir sammeln Früchte

Wenn im Herbst überall die Früchte reifen, könnt ihr für die kalte Jahreszeit vorsorgen.
Geeignetes Winterfutter für Rehe und Wildschweine sind Kastanien, Eicheln und Bucheckern. Diese sammelt ihr in den Herbstmonaten im Wald. Bewahrt sie luftig auf, damit sie nicht schimmeln.

Wenn ihr keine eigene Futterstelle einrichtet, könnt ihr die gesammelten Früchte einem Förster abgeben. Dieser legt sie zusammen mit Heu und Kraftfutter an den Wildfutterstellen aus.

Für die Vögel lassen sich vielerlei Beeren sammeln: Vogelbeeren, Holunder, Sanddorn, Schlehen, Hagebutten und andere. Die Beeren sollten auf Papierbögen ausgelegt werden, damit sie etwas trocknen können. In der schneereichen Zeit könnt ihr sie an den üblichen Vogelfutterstellen ausstreuen.

Wir richten eine Futterstelle für Vögel ein

An vielen Häusern haben Menschen kleine Futterhäuschen für Vögel aufgestellt. Diese sollten so gebaut sein, daß das Futter sicher vor Regen geschützt ist. Nasses Futter führt leicht zu Erkrankungen bei den Tieren. Außerdem sollte es so aufgehängt werden, daß Katzen das Häuschen nicht erreichen können, sonst nehmen die Vögel die Futterstelle nicht an.
Weil die meisten Vogelhäuschen sich in der Nähe von Häusern befinden, bleiben ihnen gerade die scheuen Vögel fern. Sie bekommen weniger Hilfe und sind deshalb oft gefährdeter.

Gern zeigt euch der Förster, wo sich sinnvoll eine Futterstelle einrichten läßt. Sie sollte regelmäßig einmal oder zweimal in der Woche mit Futter aufgefüllt werden.
Sehr geeignet sind Futtersilos, bei denen das Fressen nicht durch den Vogelkot beschmutzt werden kann, da sonst leicht Krankheiten übertragen werden.
Ein gutes Winterfutter könnt ihr selbst herstellen, wenn ihr in geschmolzenen Rindertalg Weizenkleie einrührt und in Plastikbecher einfüllt. Dies wird gern gefressen und auch restlos verwertet.

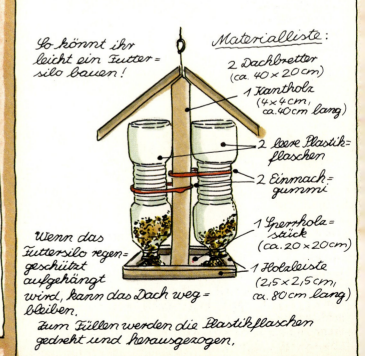

So könnt ihr leicht ein Futtersilo bauen!

Materialliste:
- 2 Dachbretter (ca. 40 x 20 cm)
- 1 Kantholz (4 x 4 cm, ca. 40 cm lang)
- 2 leere Plastikflaschen
- 2 Einmachgummi
- 1 Sperrholzstück (ca. 20 x 20 cm)
- 1 Holzleiste (2,5 x 2,5 cm, ca. 80 cm lang)

Wenn das Futtersilo regengeschützt aufgehängt wird, kann das Dach wegbleiben.
Zum Füllen werden die Plastikflaschen gedreht und herausgezogen.

DEN HUNGERNDEN TIEREN

Wir ernähren untergewichtige Igel

Wenn ihr an den ersten Frosttagen einen Igel im Freien entdeckt, hat er noch kein Winterquartier gefunden. Dies ist bei einem ausgewachsenen, kräftigen Igel nicht so schlimm. Aber Jungtiere, die weniger als 600 Gramm wiegen, werden einen längeren Winterschlaf dann nicht überleben.

Sie sollten noch einige Tage gefüttert werden, bis sie das richtige Gewicht erreicht haben. Ein Igel, den ihr ins Haus nehmt, sollte mit Insektenpuder behandelt werden. Auch eine Dusche mit lauwarmem Wasser ist ihm angenehm. Ausgesprochene Quälgeister müssen manchmal mit der Pinzette aus dem Stachelkleid des Igels entfernt werden.

In einer offenen Holzkiste fühlt er sich wohl, wenn ihr ihm noch ein kleines Schlafhäuschen richtet, in das er sich zurückziehen kann. Als Futter nimmt er gern mageres Hackfleisch, reifes Obst, aber auch Dosennahrung für Katzen. Dazu mag er frisches Wasser. Milch dürft ihr nicht füttern, da er davon Durchfall bekommt.

Wenn ihr ihn später wieder freilaßt, ist es prima, wenn er ein vorbereitetes Winterquartier findet. Dazu grabt ihr eine umgestülpte Holzkiste halb in die Erde ein, die vorne gut mit Laub und Heu ausgestopft wurde. Ein kleines Eingangsloch in Erdhöhe erleichtert dem Igel den Zugang. Nun kann er ruhig den Winter verschlafen.
Wenn ihr noch mehr wissen wollt, könnt ihr beim Tierschutzverein anrufen!

Wir denken an Winterquartiere für Tiere

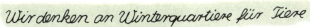

Im Herbst werden an allen Orten die Gärten, Anlagen und Parks aufgeräumt. Dazu werden einjährige Pflanzen herausgerissen, Laub zusammengekehrt, Büsche und Bäume zurückgeschnitten, Beete abgeräumt, der Boden umgestochen. Jetzt sieht alles wieder ordentlich aus.

Die Tiere aber, die in den Gärten, Büschen und Bäumen wohnen, haben sich vorher viel wohler gefühlt. Der Igel verkriecht sich gern in Laubhaufen oder überwintert auch in einem schönen Komposthaufen. Die Vögel finden Schutz in den dichten Zweigen der Hecken und Bäume. Gerade in den Hecken wohnen auch viele andere Tiere. Altes, ausgedörrtes Gras an den Wegrändern oder kleinen Rainen darf man auf keinen Fall abflämmen, denn darin verstecken sich viele Tiere.

Ich mag Unordnung!

Was man noch tun könnte!
- Stellt ein Plakat zusammen über die richtige Betreuung von Igeln! Hängt es in der Schule aus!
- Startet eine Aktion zur Sammlung von Früchten im Herbst!
- Richtet eine Futterstelle mit Hilfe des Försters oder des Vogelschutzbundes ein!

Wohin nach der

Das Pausengespräch von Nico, Bastian und Katrin dreht sich heute um den bevorstehenden Schulwechsel. Nach vier gemeinsamen Schuljahren werden sie die Grundschule verlassen und weiterführende Schulen besuchen.

Bastian: Wißt ihr schon, auf welche Schule ihr nach der 4. Klasse geht?
Nico: Ich hab' noch keine Ahnung. Aber das hat ja auch noch Zeit.
Katrin: So viel Zeit ist auch nicht mehr. Bald kommen die Orientierungsarbeiten, und dann müssen unsere Eltern entscheiden, auf welche Schule wir Kinder gehen sollen.
Nico: Wieso die Eltern? Ich dachte, es kommt auf die Noten und den Lehrer an.
Bastian: Und auf dich selbst... Deine Mutter kann schließlich nicht für dich lernen.
Katrin: Übrigens, die Andrea aus der letzten 4. Klasse muß jetzt auf dem Gymnasium ganz schön büffeln. Und für jedes Fach hat sie einen anderen Lehrer. Wenn ich nur in Mathe noch besser wäre!
Nico: Und ich in Deutsch! Ob ich wohl die Realschule schaffe? Da soll es auch ganz schön schwierig sein. Vielleicht gehe ich doch besser auf die Hauptschule.
Bastian: Wo du in Mathe so gut bist! Die in der Hauptschule haben auch Englisch und Biologie und andere neue Fächer.
Katrin: Was ist dann eigentlich für ein Unterschied zwischen den verschiedenen Schulen?
Bastian: Die machen in der Hauptschule halt mehr praktische Sachen, Technik und so. Aber genau weiß ich das auch nicht.
Nico: Warum können wir denn nicht zusammenbleiben? Am liebsten bliebe ich hier in der Schule.

Auch die anderen Kinder aus der 4. Klasse haben viele Fragen zum Schulwechsel, die sie an der Pinnwand gesammelt haben.

Also wenigstens die Realschule sollte mein Sohn schaffen. Da hat er, glaube ich, doch bessere Berufschancen.

Lieber ein guter Hauptschüler als ein schlechter Realschüler.

Ich versuche jedem Kind die Schule zu empfehlen, auf der es gut mitkommt.

Wenn meine Tochter aufs Gymnasium geht, kann ich ihr beim Lernen nicht viel helfen.

So könnt ihr euch über weiterführende Schulen informieren:

- Stellt auf dem Stadtplan oder einer Kreiskarte fest, welche weiterführenden Schulen es am Ort oder in der näheren Umgebung gibt! Welche Verkehrsverbindungen bestehen zu den Schulen?

- Schreibt an die Schulleitungen weiterführender Schulen! Vielleicht könnt ihr einen Besuch machen, euch „vor Ort" informieren oder sogar an einer Unterrichtsstunde in einem der neuen Fächer teilnehmen.

- Erarbeitet einen Fragebogen, den ihr von Schülern und Lehrern der weiterführenden Schulen beantworten laßt.

- Vielleicht könnt ihr einen Schüler des 5. Schuljahres zu euch in die Klasse einladen, damit er euch über den Schulwechsel und die neue Schule berichtet.

- Besorgt euch Stundenpläne und Bücher von Fünftkläßlern und vergleicht Fächer und Stundenzahl der verschiedenen Schularten!

- Spielt, wie in der Familie über den bevorstehenden Schulwechsel diskutiert wird!

Ettlingen, den 6.7.

Sehr geehrter Herr Direktor,

wir möchten gerne mehr über Ihre Schule erfahren und an einem Vormittag an das Eichendorff-Gymnasium kommen.
Teilen Sie uns bitte mit, ob das möglich ist und ob wir vielleicht an einer Unterrichtsstunde einer 5. Klasse teilnehmen können.

Vielen Dank von der Klasse 4a der Schillerschule

Fragebogen
- Wie groß ist die Schule?
- Wie viele Klassen und Lehrer hat sie?
- Wie viele Schüler sind in einer 5. Klasse?
- Wie viele Lehrer unterrichten an der 5. Klasse?
- Kommen die Grundschüler einer Schule in dieselbe Klasse?

STUNDENPLAN

ZEIT/STUNDE	Montag	Dienstag	Mittwoch	Donnerstag	Freitag	Samstag
1. STUNDE 7.45–8.30	Mathe.	Englisch	Deutsch	Biologie	Mathe.	Mathe.
2. STUNDE 8.35–9.20	Englisch	Religion	Deutsch	Sport	Englisch	Mathe.
3. STUNDE 9.25–10.10	Biologie	Deutsch	Mathe.	Religion	Erdkunde	Sport
4. STUNDE 10.30–11.15	Deutsch	Musik	Englisch	Englisch	Deutsch	Sport
5. STUNDE 11.20–12.05	Erdkunde	Sport	AG-Chor	Musik	B. Kunst	(alle 14 Tage)
6. STUNDE 12.10–12.55	Förderkurs				D. Kunst	
7. STUNDE 14.00–14.45						
8. STUNDE 14.50–15.35			Werken			
9. STUNDE 15.40–16.25			Werken			
10. STUNDE						
11. STUNDE						

NAME: *Frank Maier* KLASSE: *5c Realschule*

Wie waren denn die ersten Schulwochen in der neuen Schule?

Die richtige

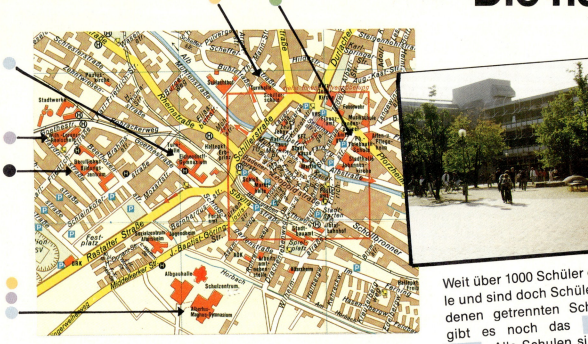

Wenn Nico, Bastian und Katrin die Hauptschule besuchen, können sie in derselben Schule bleiben. Die Schillerschule ist nämlich eine Grund- und Hauptschule. Wollen sie auf die Realschule, dann gehen sie entweder in die Wilhelm-Lorenz-Realschule oder in das Bildungszentrum am Kapellenweg. Dort sind eine Hauptschule, eine Realschule und ein Gymnasium untergebracht.

Weit über 1000 Schüler gehen in eine Schule und sind doch Schüler von drei verschiedenen getrennten Schularten. Außerdem gibt es noch das Eichendorff-Gymnasium. Alle Schulen sind für Nico, Bastian und Katrin bequem zu Fuß oder mit dem Rad zu erreichen. Anderswo müssen Schüler weite Wege zurücklegen, um eine weiterführende Schule zu erreichen. Wie ist es bei dir?

DIE HAUPTSCHULE

Wer nicht so lange lernen und früh in einen Beruf kommen möchte, wählt am besten die Hauptschule. Fest arbeiten muß man dort auch. In der 5. Klasse stehen Englisch, Biologie, Erdkunde und Technik neu auf dem Stundenplan. Allerdings wird nicht zu schnell gelernt, und der Stoff ist nicht so umfangreich. Später kommen praktische Fächer dazu, die auf den Beruf vorbereiten, sowie interessante Angebote und Arbeitsgemeinschaften. So haben Hauptschüler schon Schulgärten angelegt, Nistkästen gebaut, Schulhöfe verschönert und Bachpatenschaften übernommen. Nach 5 Jahren endet die Hauptschule mit einer Abschlußprüfung. Danach folgt die Berufsausbildung in einem Betrieb und in der Berufsschule. Mit guten Noten kannst du einen mittleren Abschluß erreichen, ähnlich dem Realschulabschluß. Du kannst aber auch direkt nach der Hauptschule noch auf weiterführende Schulen.

Schule für mich

DIE REALSCHULE

Hier mußt du ziemlich viel lernen. Die Fächer sind ähnlich wie in der Hauptschule, doch ist der Stoff umfangreicher. Du hast mehr Fachlehrer und mußt selbständiger lernen. Ab Klasse 7 kannst du entscheiden, ob du eine zweite Fremdsprache (meist Französisch), Natur und Technik oder Hauswirtschaft/Textiles Werken als zusätzliche Fächer wählen möchtest. Außerdem werden interessante Arbeitsgemeinschaften angeboten. Nach sechs Jahren legst du die Realschulabschlußprüfung ab. Dann hast du die „mittlere Reife" und kannst viele Berufe erlernen. Wenn du gute Noten hast, kannst du auf ein Gymnasium überwechseln und das Abitur machen.

DAS GYMNASIUM

Das Gymnasium ist etwas für Grundschüler, die gerne lernen, schnell begreifen und Ausdauer haben. Du gehst neun Jahre auf das Gymnasium, bis du das Abitur ablegen kannst. Wenn die Noten gut genug sind, kannst du studieren. Andere ergreifen nach dem Abitur einen Beruf. Im Gymnasium lernst du mindestens zwei Fremdsprachen (meist Englisch und Französisch). Auf manchen Gymnasien kannst du noch eine dritte Fremdsprache (oft Latein) erlernen, auf anderen Gymnasien hast du mehr Mathematik und Physik. Das gibt ganz schön viel Hausaufgaben, bis du das alles kannst. Auch in den Gymnasien werden freiwillige Arbeitsgemeinschaften wie Orchester, Theaterspiel, Computer-AG angeboten.

SCHULWECHSEL – worauf kommt es an?

Auf welche weiterführende Schule ein Viertkläßler gehen soll, ist keine einfache Entscheidung. Worauf kommt es dabei an? Nur auf die Noten? Oder wie einer lernt? Wer entscheidet, die Eltern oder der Klassenlehrer? Das Aufnahmeverfahren regelt alles ganz genau. Frank, der jetzt in die 5. Klasse einer Realschule geht, berichtet, wie vor einem Jahr der Schulwechsel vor sich ging:

„Schon im 3. Schuljahr fand für unsere Eltern ein Informationsabend statt. Da wurden sie über alle weiterführenden Schulen und das Aufnahmeverfahren ganz genau informiert.

Im 4. Schuljahr sprachen wir im Heimat- und Sachunterricht über das Thema „Schulwechsel". Nach den Halbjahreszeugnissen kamen ziemlich bald die Orientierungsarbeiten, ein Diktat, ein Aufsatz und eine Mathematikarbeit. Allen Schülern in Baden-Württemberg werden dieselben Aufgaben gestellt. Sie zählen als ganz normale Klassenarbeit.

Ich stand in Deutsch auf 2,5 und in Mathematik auf 3. Auf diese Fächer kommt es besonders an. Vater hätte mich gerne auf das Gymnasium geschickt, doch Mutter hatte Bedenken. Ich fand auch, daß ich für das Gymnasium noch besser sein müßte. Mein Freund Christian stand überall auf zwei. Er begreift auch sofort alles. Bei ihm war alles klar.

Auch meine Eltern wurden nach den Orientierungsarbeiten von der Klassenlehrerin zu einem Gespräch eingeladen. Dabei besprachen sie, wie ich in den einzelnen Fächern stehe, ob ich besondere Schwierigkeiten habe und wo mir das Lernen besonders Spaß macht. „Die Realschule scheint für dich doch die geeignetere Schule zu sein", meinte mein Vater nach diesem Gespräch.

Ich erhielt dann die Grundschulempfehlung für die Realschule. Gerne wäre ich mit meinem Freund Christian zusammengeblieben, dachte aber auch, daß die Realschule für mich die richtige Schule sei. Jetzt wurde ich auf der Realschule angemeldet.

Torsten, mein anderer Freund, wollte ebenfalls auf die Realschule. Weil er aber in allen Fächern auf drei stand, waren sich seine Eltern nicht so ganz sicher. Auf ihren Wunsch nahm er an einem Testverfahren bei einem Beratungslehrer teil. „Torsten geht besser auf die Hauptschule", empfahlen danach seine Lehrer. Er hätte noch eine Aufnahmeprüfung machen können, doch das wollten seine Eltern nicht.

Ich fühlte mich in der neuen Schule erst ziemlich fremd. In dem großen Gebäude habe ich mich fast verlaufen. Meine neuen Lehrer sind recht nett. Freunde habe ich auch schon gefunden. Ich kann bereits auch ein bißchen Englisch. Also: Good bye, ladies and gentlemen!"

A-de, a-de, a-de! Bleibt alle munter und schön, bis froh wir uns wiedersehn.

Noch ist es nicht soweit. Doch solltet ihr jetzt schon daran denken, wie ihr euren Abschied von der Grundschule gestalten wollt. Wer vier Jahre lang miteinander gelebt und gelernt hat, wird auch das Ende dieser gemeinsamen Zeit mit einem schönen Fest feiern. Dafür gibt es viele Möglichkeiten. Hier sind ein paar Anregungen und Ideen:

 Sammelt Fotos, Dias und Filme und zeigt sie auf eurem Abschiedsfest!

 Macht eine Ausstellung mit Zeichnungen, Bildern, Geschichten und Werkarbeiten aus den vier Grundschuljahren oder wenigstens aus der vierten Klasse!

 Wie wär's mit einer Klassenzeitung zum Abschied mit Geschichten und Gedichten, euren Lieblingsliedern und -spielen, mit Sprüchen, Wünschen und euren Adressen als Erinnerung an die Grundschulzeit und die Klassenkameraden?

 Oder spielt ihr gern Theater? Dann bereitet ein kleines Programm vor mit Sketchen und Liedern und überrascht damit eure Eltern und vielleicht sogar eure Lehrer, wenn ihr alles ganz heimlich einstudiert!

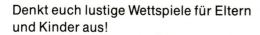 Denkt euch lustige Wettspiele für Eltern und Kinder aus!

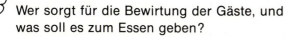 Wer sorgt für die Bewirtung der Gäste, und was soll es zum Essen geben?

 Zum Abschluß eurer Feier könnt ihr den Ade-Kanon gemeinsam singen. Der geht ganz einfach und klingt schön.

Jederzeit

Komm mich mal besuchen. Ich back dir einen Kuchen. Ich zeig dir meinen Leberfleck und puste deine Sorgen weg. So, wie du bist, laß ich dich sein, und klopfst du an, laß ich dich ein.

(Jürgen Spohn)

Einkaufsmöglichkeiten in unserem Ort

Die Einkaufsmöglichkeiten sind von Ort zu Ort verschieden. In manchen Orten gibt es fast alles zu kaufen, anderswo müssen die Leute zum nächsten größeren Ort fahren, wenn sie etwas Bestimmtes kaufen wollen.

- Welche Einkaufsmöglichkeiten bietet dieser Ort?
- Welche Waren kannst du in diesem Ort vermutlich nicht kaufen?
- Erkunde die Einkaufsmöglichkeiten deines eigenen Heimatortes und deiner Umgebung! Fällt dir bei der Lage der Geschäfte etwas auf?
- Befragt Leute, wo sie am liebsten einkaufen!
- Diskutiert in der Klasse, welche Vor- und Nachteile der Einkauf in einem Fachgeschäft, in einem Supermarkt, einem Kaufhaus oder über den Versandhandel hat!

Rechnet aus, wieviel Geld Max und Maxi ausgegeben haben!

Wie hätte Max billiger einkaufen können? Könnte auch Maxi bei ihrem Einkauf sparen?

Vergleicht die Werbung der drei Supermärkte oben auf dieser Seite! Worauf müßt ihr bei einem Preisvergleich achten? Wo würdest du kaufen?

Supermärkte sind so geplant und eingerichtet, daß der Kunde gerne und viel kauft. Wodurch hat sich Max zu Käufen verleiten lassen, die er nicht vorhatte? Wie ist das in dem Supermarkt, in dem du einkaufst?

Schneidet aus Zeitungen Sonderangebote aus und vergleicht sie mit dem Preis, den die Artikel sonst kosten. Wieviel könnt ihr dabei sparen?

Maxi entdeckt daheim, daß zwei Orangen angefault sind. Wie soll sie sich verhalten? Spielt solche und andere Einkaufsgeschichten!

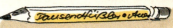

WERBUNG

Über Werbung gibt es die verschiedensten Meinungen. Was denkt ihr über diese Äußerungen? Wie findet ihr Werbung? Diskutiert in eurer Klasse! Macht es wie in der Fernsehsendung „Pro und Kontra"!

WIE WERBUNG GEMACHT WIRD:

Die Firma Schleck und Beiß hat einen neuen Schoko-Knusper-Riegel herausgebracht. Damit möglichst bald viele Leute das neue Produkt kennen und kaufen, muß Werbung gemacht werden.

Eine Werbeagentur erhält den Auftrag, einen werbewirksamen Namen zu finden, eine verlockende Verpackung zu entwerfen und weitere Werbemaßnahmen zu planen.

Ein Grafiker und ein Texter machen sich an die Arbeit. Marktforscher beraten den Hersteller und die Werbefachleute. Gemeinsam überlegen sie:

● Wer soll in der Werbung besonders angesprochen werden?

● Wie kann das neue Produkt am besten bekannt gemacht werden?

● Mit welchen Bildern oder Personen kann wirkungsvoll geworben werden?

● Womit kann erreicht werden, daß der neue Schokoriegel mehr als andere ähnliche Produkte gekauft wird?

Werbe-Chinesisch

Werbeagentur, ein Unternehmen, das für andere Unternehmen Werbung macht.

Grafiker, der Mann, der für das richtige Aussehen der Werbung sorgt.

Marktforscher, einer, der herausfinden will, wer welche Schokoriegel wann, warum und wie oft ißt.

Produkt, eine Sache, die du kaufen kannst, auch Ware genannt.

Spot, kurzer Film für die Werbung im Fernsehen.

Texter, einer, dem so gute Sprüche einfallen sollen, daß du sie nie vergißt.

Werbeetat, das Geld, das in einem Jahr für Anzeigen, Spots und andere Werbemittel eines bestimmten Produkts ausgegeben werden soll.

ÜBERALL

Der Name

Die Anzeige

Die Verpackung

Die Radiowerbung

Der Aufkleber

Der Fernsehspot

- Könnt ihr euch denken, mit welchen Absichten die Werbeleute Namen, Farben, Bilder und Sprüche ausgewählt haben?
- Was findet ihr an der Bissy-Werbung gut, und was gefällt euch nicht so gut?
- Untersucht, wie für andere Produkte Werbung gemacht wird! Versucht herauszufinden, was euch an einer Anzeige oder einem Fernsehspot besonders anspricht und was ihr dabei denkt und fühlt!
- Erfindet selbst Sprüche und Texte für ein Produkt, das ihr euch selbst ausgedacht habt! Vielleicht könnt ihr sogar einen Werbespot auf Video oder Werbesprüche auf Kassette aufnehmen.
- Klebt aus ausgeschnittenen Werbesprüchen und Bildern ein lustiges Plakat!
- Überprüft einmal, wie viele Seiten einer Zeitschrift Werbeseiten sind!
- Was kostet eine Anzeige in eurer Tageszeitung oder in eurem Gemeindeblatt? Wie erklärt ihr euch den Preisunterschied?

So sieht der Schokoriegel der Firma Billig aus. Vergleicht „Bissy" und „Schokonuß"! Was würdest du kaufen?

Firma Billig verzichtet auf eine aufwendige Verpackung und teure Werbemaßnahmen. Das kommt den Käufern zugute. „Schokonuß" muß deswegen nicht schlechter schmecken als „Bissy", obwohl manche Leute meinen, daß nur teure Dinge wirklich gut sein können.

Zahlen Zahlen Zahlen

100 000 DM und mehr kann eine farbige Anzeigenseite in einer Zeitschrift kosten.
Ein Werbespot von 30 Sekunden Dauer im Fernsehen kostet rund 50 000 DM.
20 000 DM und mehr kostet die Herstellung eines solchen Werbefilms, 100 000 DM sind keine Seltenheit.
Mindestens 50 000 DM bekommen bekannte Leute, wenn sie für ein Produkt Werbung machen. Stars erhalten noch viel mehr.
Der Werbeetat für ein neues Produkt wie Bissy kann mehrere Millionen DM ausmachen.
1984 wurden in der Bundesrepublik Deutschland 15 Milliarden DM für Werbung ausgegeben.

Vom Tauschen zum Kaufen

Vor sehr langer Zeit kannten die Menschen noch kein Geld. Was sie brauchten, erzeugten sie meist selbst. Wenn sie etwas nicht selbst herstellen konnten, wurde getauscht, beispielsweise ein Tonkrug gegen ein Beil oder ein Fell gegen eine Pfeilspitze.

Bei den Ackerbauern und Viehzüchtern wurde es üblich, den Wert von Waren mit dem Wert von Kühen zu vergleichen. So wurde das Rind zu einem der frühesten und wichtigsten Zahlungsmittel überhaupt.

Ein anderes wichtiges Zahlungsmittel war das Salz, das damals noch rar und wertvoll war. Andere Völker benutzten seltene Muscheln und Federn, besondere Steine und Schnecken als Geld.

Natürlich waren Kühe und Salzsäcke nicht gerade ein sehr handliches Zahlungsmittel, und die anderen Dinge wurden nicht überall als Geld anerkannt.

Als die Menschen gelernt hatten, aus Gesteinen Eisen und Kupfer, Silber und Gold herauszuschmelzen, wurden Münzen geprägt und nach und nach zu einem anerkannten Zahlungsmittel. Endlich hatten die Menschen ein Material, das haltbar und gut zu bearbeiten war und einen echten Gegenwert zur Ware darstellte.

Meist trugen die Münzen das Bild des Kaisers oder Königs, der damit den Wert und die Echtheit der Münze garantierte. Der Wert einer Münze bestimmte sich nämlich nach dem Gold- oder Silbergewicht. Auch der Rand wurde schon vor über 2000 Jahren mit einem Muster versehen, um zu verhindern, daß Edelmetall vom Rand abgeschnitten wurde.

D = München G = Karlsruhe
F = Stuttgart I = Hamburg

Diese Randprägung hat sich bis heute erhalten, auch wenn unsere heutigen Münzen längst nicht mehr aus Gold und Silber bestehen. Unser heutiges Fünfmarkstück hat einen Materialwert von nur wenigen Pfennigen. Dafür sind das Ein- und Zweipfennigstück etwas mehr wert, als auf ihnen angegeben ist. Lies einmal, was auf dem Rand unserer heute gültigen Münzen eingeprägt ist! An den Buchstaben auf einer Münze kannst du übrigens feststellen, wo diese geprägt worden ist.

Eine sehr lange Geschichte hat der Pfennig, der schon seit mehr als 1000 Jahren bekannt ist. Als er noch aus Silber geprägt wurde, war er mehr wert als heute. Unsere Mark war ursprünglich eine Gewichtseinheit für Edelmetalle. Eine bekannte Münze im Mittelalter war der Gulden („golden"). Andere Münzen trugen den Namen ihres Herkunftsortes. Der Heller wurde zuerst in Schwäbisch Hall geprägt. Der Taler stammt aus einem Ort namens Joachimsthal.

Das Papiergeld wurde vor über 1000 Jahren in China erfunden. Bei uns ist Papiergeld erst seit knapp 300 Jahren bekannt. Unser heutiges Papiergeld wird auf ganz komplizierte Weise gedruckt, um das Fälschen der Geldscheine möglichst schwierig zu machen. Wenn du einen Geldschein gegen das Licht hältst, wirst du das bemerken. Heute werden viele Geldgeschäfte bargeldlos über die Bank erledigt. Warum wohl?

Welche Dinge hast du schon mit Freunden getauscht?
Wie habt ihr euch über den Wert geeinigt?
Mehr über die Geschichte des Geldes kannst du im Heimatmuseum, in Lexika und Sachbüchern und bei Banken und Sparkassen erfahren.
Laß dir von einem Münzensammler die Münzen zeigen!

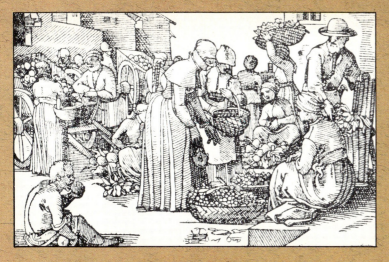

Der Markttag war für die Menschen früher ein großes Ereignis. Der Marktplatz lag meist mitten in der Stadt vor dem Rathaus oder der Kirche. Bauern, Handwerker und Kaufleute aus der Stadt und der Umgebung boten dort ihre Waren feil: Obst und Gemüse, Fisch und Fleisch, Salz und Gewürze, Kleinvieh, Töpfe, Krüge, Werkzeuge, Korbwaren, Stoffe, Sandalen... Es wurde gehandelt, gefeilscht und erzählt. Freunde und Bekannte trafen sich; Schausteller, Bänkelsänger und Artisten unterhielten jung und alt und berichteten, was es draußen in der Welt Neues gab. Geldwechsler saßen auf Bänken („Bank"), wechselten Münzen und überprüften Prägung und Gewicht. Bevor eine Stadt Markt abhalten durfte, mußte ihr erst vom Fürsten oder Kaiser das Marktrecht verliehen worden sein. Eine Marktordnung wurde erlassen, und wer sie nicht einhielt, mußte an den Pranger stehen. Dort war er dem Spott und der Schande öffentlich preisgegeben.

- Gab es an eurem Heimatort früher auch einen Markt? Was könnt ihr darüber erfahren?
- Wann und wo wird heute an deinem Ort oder in der Umgebung Markt abgehalten?
- Welche Waren werden angeboten, und wo kommen sie her?
- Werden auch Waren angeboten, die von den Händlern selbst erzeugt wurden?
- Befragt Leute, warum und was sie auf dem Markt einkaufen!
- Vergleicht die Preise bestimmter Waren auf dem Markt und in einem Laden!
- Welche besonderen Märkte kennt ihr? Wie unterscheiden sie sich von einem Wochenmarkt?

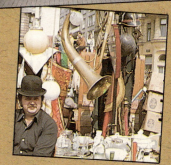

Früher kamen die Waren fast nur aus der Umgebung eines Ortes oder einer Stadt. Waren aus fernen Ländern wie Gewürze, Tee oder Seide waren kostbar und sehr teuer. Heute sind auch diese Waren recht preiswert geworden, und unser Tisch ist international gedeckt. Wer natürlich an Weihnachten frische Erdbeeren essen will, muß dafür entsprechend bezahlen. Aber möglich ist auch das.

- Schreibe auf, woher die abgebildeten Waren kommen!
- Schneide Verpackungen von ausländischen Waren aus und mache daraus ein Plakat!

Mit Feuer

Nico, Bastian und Katrin sind unterwegs und wollen ein Lagerfeuer machen. Doch durch den Regen am Nachmittag sind ihre Zündhölzer naß geworden. „Das wird schwierig", meint Nico, „wenn uns jetzt niemand hilft, ..."

So macht Nico Feuer!
In der freien Natur darf Feuer nur an eigens dafür vorgesehenen Plätzen angezündet werden!
Meistens ist die Feuerstelle durch einen Kreis größerer Steine gesichert, damit sich das Feuer nicht weiter ausbreiten kann. Vorsicht: Funkenflug!
Am besten entzündet sich das Feuer, wenn du in die Mitte Papier legst. Darüber wird dünnes, trockenes Holz geschichtet (Reisig, Holzspäne). Erst jetzt kannst du einige dickere Holzscheite darum herum aufstellen. Aber so, daß das Feuer genügend Luft erhält.
Auch wenn es geregnet hat, kannst du trockenes Holz finden: unter Bäumen, im dichten Unterholz ...

Katrin fragt: „Wie kommt es eigentlich, daß Feuer brennt?"
Bastian und Nico wissen keine Antwort.
Da ist es gut, daß der Lehrer im Unterricht „das Feuer" durchnimmt. Sie machen viele Versuche.

Vorsicht!
Beim Hantieren mit Feuer immer einen Eimer voll Wasser oder Sand zum Löschen bereitstellen!

und Flamme

Bastian macht mit einer durchsichtigen Plastikflasche Versuche. Er stülpt sie auf verschiedene Weise über eine brennende Kerze:
1. Die Flasche schließt dicht ab.
2. Die Flasche wird auf Streichholzschachteln gestellt.
3. Der obere Rand wird zusätzlich durchbohrt.
4. Die Flasche wird in einen Teller mit Wasser gestellt.

Wer genau beobachtet und nachdenkt, kann herausfinden, was Feuer zum Brennen braucht.

Mit einer Schere könnt ihr den Hals einer Mineralwasserflasche aus durchsichtigem Plastikmaterial leicht abschneiden. Wenn ihr einen dicken und langen Nagel über einer Kerze erhitzt, könnt ihr damit Löcher hineinstoßen.

Daß sich Papier leicht entzündet, weiß jeder! Aber Bastian zeigt euch einen Trick, bei dem eine Papierschachtel x nicht so leicht zu brennen beginnt. Erkläre!

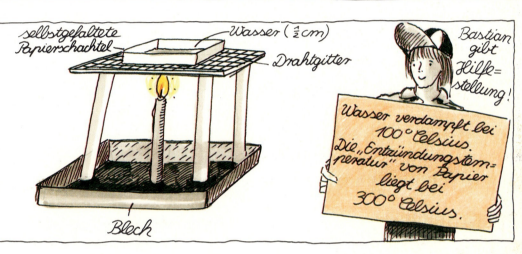

Und noch ein Versuch: Was brennt an einer Kerze?

Bringt nun ein brennendes Streichholz langsam an eine gerade erloschene Kerze heran. – Was beobachtet ihr? Versucht eure Beobachtung zu erklären!

Wer scharf nachdenkt, bekommt sicher selbst heraus, wann sich Wachs leicht entzündet und wann nicht!

Das habt ihr nun gelernt!

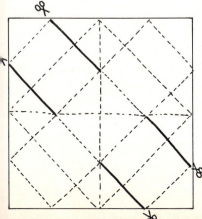

x Um die Papierschachtel zu erhalten, müßt ihr zuvor ein quadratisches Blatt Papier **so** falten und einschneiden.

BERICHT AUS DER ZEITUNG

Die Feuerwehr

Schaden 70 000 Mark
Kinderzimmer brannte aus

EISINGEN. Zum Löschen eines Feuers mußten am Sonntag gegen 11.30 Uhr die Feuerwehren aus Eisingen und Königsbach in die Wiesenstraße ausrücken. Dort war im Dachgeschoß eines Einfamilienhauses ein Feuer ausgebrochen. Durch das schnelle Erscheinen der Wehren konnte verhindert werden, daß sich das Feuer auf das gesamte Dachgeschoß ausbreitete. Trotzdem brannte ein Kinderzimmer, in dem vermutlich der Brand ausgebrochen war, vollständig aus. Personen wurden nicht verletzt. Der Gebäudeschaden dürfte bei etwa 70 000 Mark liegen.

Nach den bisherigen Feststellungen der Polizei hatten sich im Kinderzimmer der neun Jahre alte Sohn, der Hauseigentümer sowie zwei 13 und vier Jahre alte Verwandte aufgehalten. Diese hantierten mit Zündhölzern. Die abgebrannten Hölzer warfen sie in einen Papierkorb, wo sie vermutlich weiterglimmten. Als die Kinder bereits das Zimmer verlassen hatten, entzündete sich der Inhalt des Abfallbehälters, und das Unglück nahm seinen Lauf.

Feuerwehrmann Weiß erzählt:

„Das war ein Tag! Ich saß gemütlich in meinem Sessel und las Zeitung, als plötzlich Feueralarm ausgelöst wurde. Sofort eilte ich zum Feuerwehrhaus. Ab in das Löschfahrzeug und schon sausten wir mit Martinshorn und Blaulicht durch die Straßen. Im Wagen wurden wir von unserem Feuerwehrkommandanten über den Brand in der Wiesenstraße informiert. Sieben Minuten nach der Brandmeldung waren wir am Einsatzort. Über dem Dach des Hauses stand eine dichte Rauchwolke. Vereinzelt sah man Flammen. Jeder wußte, was er zu tun hatte. Jeder Handgriff saß. Ich ergriff ein Strahlrohr, verkuppelte es mit dem schon ausgerollten Schlauch und bestieg den Korb unserer Drehleiter, die unser Fahrer sofort ausfuhr. Und meine Kameraden? Während die einen weitere Schläuche ausrollten, zusammenkuppelten und an einen Hydranten anschlossen, drangen die anderen mit schweren Atemschutzgeräten durchs Haus zum Brandherd vor. Zum Glück befanden sich keine Bewohner mehr im Haus. Auf das Kommando „Wasser – marsch!" schoß das Wasser durch die Rohre in die Flammen. Nach etwa 15 Minuten war der Brand unter Kontrolle. Personen waren Gott sei Dank nicht verletzt, aber der Sachschaden dürfte beinahe 100 000 Mark erreichen."

rückt aus

Durch Unachtsamkeit und Leichtsinn entstehen viele Brände!

Keine heiße Asche in Mülltonnen einfüllen!

Vorsicht!
Fassen Sie keine elektrischen Geräte und Steckverbindungen an, während Sie im Wasser sind oder auf nassem Boden stehen, besonders wenn Geräte oder Anschlußleitungen schadhaft sind.
Technische Werke der Stadt Karlsruhe

Vorsicht Feuergefahr

1,2 Meter vor dem Schild und 1,7 Meter nach rechts ist ein Hydrant mit einem Anschluß von 100 mm Durchmesser.

- Wie verhältst du dich, wenn du als erster einen Brand entdeckst?
- Wo befindet sich der nächste Feuermelder? – Schreibe auf, wie er funktioniert!
- Wie heißt die Telefonnummer der Feuerwehr?
- Macht bei der Feuerwehr einen Besuch!
- Welche Fluchtwege müßt ihr bei einem Brand von eurem Klassenzimmer aus benützen?
- Wo befindet sich euer Sammelplatz vor der Schule?

Nicht jedes Feuer löscht man mit Wasser!

Viele Brände lassen sich mit Wasser löschen. Wasser kühlt ab und entzieht Sauerstoff. Jede Gemeinde muß über genügend große Löschwasserreserven verfügen.

Brennende Flüssigkeiten, die leichter als Wasser sind, dürfen nicht mit Wasser gelöscht werden. Fett, Öl und Benzin würden auf dem Wasser schwimmen und weiterbrennen.

Brände, die durch defekte elektrische Geräte entstehen, dürfen nicht mit Wasser gelöscht werden. Es besteht die Gefahr eines Kurzschlusses.

Schaum verhindert die Zufuhr von Sauerstoff und sorgt gleichzeitig für eine Abkühlung der brennenden Stoffe unter die Entzündungstemperatur.

Was wäre der Mensch

Die Menschen der Steinzeit verwendeten das Feuer als Licht, das man in der Nacht oder tief in Höhlen mit sich herumtragen kann. Ein brennender Kienspan oder eine Harzfackel machte die Dunkelheit hell, und die Menschen verloren ihre Angst vor der Finsternis. Auch abends konnten sie sich nun noch lange um ein Feuer versammeln, sich wärmen und Geschichten erzählen. Besonders in den kalten Jahreszeiten scharten sich die Menschen um das wärmende Feuer, denn sie waren nackt oder hatten lediglich Tierfelle um sich gelegt. Wie dankbar mögen kleine Kinder, Greise und Kranke für diese Wärme gewesen sein?

Keinem Tier ist es gelungen, das Feuer zu bezwingen. Die Menschen aber hielten dem Feuer stand, wagten brennende Äste in die Hand zu nehmen und Feuerstellen anzulegen. Wilde Tiere, die oft viel stärker, schneller und flinker als Menschen sind, bekamen Angst vor ihnen und ihrem Feuer.

Als schließlich entdeckt wurde, wie gut gebratenes Fleisch schmeckt und, daß man mit Hilfe des Feuers gut kochen, backen und räuchern kann, da änderten sich die Lebensgewohnheiten dieser frühen Menschen vollends. Ohne Feuer gäbe es keinen Braten und kein Rauchfleisch, keine Fleisch- und Gemüsesuppen, keinen Tee und kein Brot. Rund um die Wohnstätten schwebte ein neuer Duft, die Ernährung wurde abwechslungsreicher, und die Menschen mußten nicht mehr so hungern wie früher.

Das Feuer war ein kostbares Gut, denn es durfte nicht ausgehen. Ständig mußte es behütet und beschützt werden, denn allzu rasch erlöschte es, sei es, weil das Holz heruntergebrannt war oder der Regen die Glut löschte. So trugen sie das Feuer auf ihren Wanderungen mit sich herum und schützten es mit Fellen – bis sie schließlich entdeckten, wie Feuer immer wieder neu zu entzünden ist. Man braucht dazu ganz trockenes, leicht entzündbares Material (Baumpilze, Moos, Laub), das man mit Funken oder durch langes und starkes Reiben entflammt. Dies geschieht durch Aneinanderschlagen von Feuersteinen oder durch einen besonders konstruierten Feuerbogen.

Doch die Entdeckungen, die mit Hilfe des Feuers gemacht werden konnten, fanden noch lange kein Ende. Schon früh brannten die Menschen Tongefäße, schmolzen Metalle und schmiedeten Werkzeuge, Waffen und Geräte für den Ackerbau.

Heute ist das Feuer nicht mehr so wichtig für das tägliche Leben wie früher. Viele schöne Bräuche erinnern aber an die vielen Jahrtausende, in denen das Feuer den Menschen Licht, Wärme und Schutz bot.

● Am Johannistag, dem 24. Juni, oder an der Sommersonnenwende, am 21. Juni, entzünden auch heute noch junge Leute ein großes Feuer.

ohne das Feuer?

Noch vor etwas mehr als 100 Jahren gab es kein elektrisches Licht. Seither hat die Elektrizität unser ganzes Leben verändert.

- Welche elektrischen Geräte kennen wir heute?
- Denke dir aus, wie wohl die Menschen vor 100 Jahren ohne die elektrischen Geräte gelebt haben!

Scherben auf dem Acker

Einen Spaziergang auf einem Feld in der Nähe von Stettfeld bei Bruchsal unternahmen Denkmalschützer und Altertumsforscher. Dabei entdeckten sie mehrfach kleine Tonscherben, die, man höre und staune, schon fast 2000 Jahre alt sind. Sie stammen nämlich aus einer Zeit, in der sich an dieser Stelle ein römisches Kastell befand. Durch die fortschreitende Bodenerosion und durch die tiefgreifenden Pflüge werden immer wieder Bodenfunde sichtbar gemacht; leider ohne daß sie fachgerecht vom Denkmalamt geborgen werden können. Manche werden einfach von Spaziergängern mitgenommen. Eigentlich sollten sie für das neue Heimatmuseum...

Nur noch mit dem Skizzenblock sieht man Katrin!

Durch diesen Zeitungsartikel angeregt, haben sich Katrin, Nico und Bastian in ihrer Umgebung umgeschaut. Dabei stießen sie auf viele Baudenkmäler und andere Spuren der Vergangenheit, die ihnen über das Wohnen, Leben und Arbeiten in früheren Zeiten Auskunft geben. Sie fanden Reste von alten Stadtmauern, Tore und Türme, Burgen und Schlösser, aus Stein gehauene Brunnen und Standbilder, liebevoll wiederhergerichtete Fachwerkhäuser, aber auch vom Verfall bedrohte alte Gebäude, die unter Denkmalschutz stehen und noch auf ihre Restaurierung warten. Auf Friedhöfen entdeckten sie Grabsteine, deren Inschriften kaum mehr zu lesen waren, und an Feldern und Wegrändern alte Steinkreuze.

Bastian schaut sich alles ganz genau mit dem Fernglas an!

Nico hält mit dem Fotoapparat fest, in welchem Zustand sich die Altertümer befinden!

Im Museum konnten Nico, Bastian und Katrin all die Dinge besichtigen, die Heimatforscher schon seit Jahrzehnten gesammelt und aufbewahrt haben.

- Sucht an alten Gebäuden Inschriften und Jahreszahlen!
- Besucht gemeinsam ein Museum oder Heimatarchiv! Vielleicht könnt ihr einen Heimatforscher einladen.
- Schreibt an das Denkmalamt und bittet um eine Liste der geschützten Altertümer eurer Umgebung!
- Stellt eine Bildkarte der bekanntesten und wichtigsten Denkmäler eures Umlandes her!
- Was ist ein „Naturdenkmal"? Erkundigt euch, welche Naturdenkmäler es bei euch gibt!
- Gibt es in eurer Umgebung auch „technische Denkmäler"?

VERGANGENHEIT

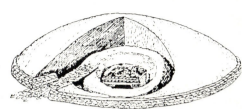

Nur ein flacher Hügel erhebt sich inmitten eines Feldes. Seit Jahrhunderten pflügen die Bauern darüber hinweg und haben den Hügel fast schon eingeebnet. Eines Tages schaut sich eine Mitarbeiterin des Landesdenkmalamtes diesen Hügel genauer an. Sie ist mit der Landschaft und der Geschichte um den Hohenasperg bei Ludwigsburg gut vertraut. Mit geübtem Blick erkennt sie, daß dieser kleine Hügel ein großes Geheimnis bergen könnte.

Jahre vergehen noch, bis die Archäologen mit den Grabungen beginnen. Ganz vorsichtig wird der Boden abgetragen. Wo der unkundige Beobachter nur ein paar Steine und verfärbte Erde wahrnimmt, machen die Fachleute eine sensationelle Entdeckung. Sie sind auf die Grabstätte eines keltischen Fürsten gestoßen.

Vor über 2500 Jahren bewohnten die Kelten unser Land. Sie waren geschickte Handwerker, die bereits Metalle kunstvoll verarbeiten konnten. Ihre Fürsten wurden in großen Grabhügeln beigesetzt. Dem toten Fürsten gaben sie Waffen, Schmuck und edles Gerät mit auf seinen letzten Weg. Oft wurden diese Grabkammern in späterer Zeit von Grabräubern geplündert. Dieses Grab aber blieb von Plünderungen verschont.

Doch bis alle Fundstücke wieder so hergerichtet sind, wie sie früher einmal ausgesehen haben, ist es noch ein weiter Weg. Nichts darf verändert oder herausgenommen werden, bevor es nicht in der Fundlage genauestens aufgezeichnet, fotografiert und registriert worden ist. Dann werden die Teile mit äußerster Sorgfalt geborgen. Sogar der Staub der Staubsauger, mit dem die Archäologen und ihre Helfer arbeiten, wird auf kleinste Fundstücke durchsucht.

Forscher untersuchen später in ihren Labors die Funde und können uns genaue Auskünfte über Alter und Art der Materialien geben. Restauratoren setzen in einem mühevollen, oft wochen- und monatelangen Puzzlespiel die Bruchstücke wieder zusammen.
Monate hat es gedauert, bis zum Beispiel der Kessel aus Bronze restauriert war. Er hat einen Durchmesser von über einem Meter und faßt 500 Liter. In ihm wurde Met angesetzt, eine Art Honigbier der Kelten. Noch nach mehr als 2500 Jahren konnten die Wissenschaftler auf Grund der Spuren feststellen, welche Pflanzen unsere Vorfahren zum Brauen dieses Getränks verwendet haben.

Ein Schmuckstück mit „Punzierungen" könnt ihr selbst herstellen. Schneidet aus einer Kupferfolie ein kreisrundes Stück aus. Mit einem Kugelschreiber könnt ihr jetzt auf einer weichen Unterlage die Verzierungen hineindrücken. In ähnlicher Weise haben auch die Kelten Armreife, Gürtel und Broschen verziert.

Vor ungefähr 1900 Jahren besetzten römische Legionen das Land zwischen Rhein und Neckar. Sie bauten zunächst befestigte Militärlager, die Kastelle genannt wurden. Um die benachbarten Germanen abzuschrecken, wurde die quer durch das Land verlaufende Grenze mit einem Graben, mit Palisaden und Wachtürmen ausgestattet. Dieser Limes läßt sich noch heute deutlich an manchen Orten nachweisen. Die Römer legten auch zahlreiche Straßen an, die für die Truppen und den Warentransport zwischen den einzelnen Militärlagern benötigt wurden. Rings um die Lager entstanden Ansiedlungen, in denen sich Händler niederließen.

Verdiente Soldaten erhielten Land geschenkt und errichteten darauf Gutshöfe, sogenannte „Villen". Diese wurden

WIR FEIERN

Wenn ihr in euerer Klasse ein richtiges „Römerfest" feiern wollt, gehört es natürlich dazu, daß ihr euch wie die Römer kleidet. Wir wissen noch recht genau, obwohl es so viele Jahrhunderte zurückliegt, wie die Römer gelebt, wie sie sich angezogen, was sie gegessen haben. Zunächst brauchen wir für jeden zwei Fibeln, das sind Gewandnadeln, die durch den umgeschlagenen Stoff an der Schulter gesteckt werden. Leicht könnt ihr aus einer kleineren Sicherheitsnadel eine Fibel herstellen. Wenn ihr ein Kupferplättchen an die Sicherheitsnadel klebt und dieses bemalt, wird daraus ein kleines Schmuckstück. Diese Anstecknadel könnt ihr auch bei anderen Gelegenheiten tragen. Um das Gewand zu gürten, könnt ihr euch eine Kordel selbst drehen. Holt euch dazu Hilfe und Anregung bei eurer Lehrerin für Textiles Werken.

* (Fibel = Gewandspange)

WIR ZIEHEN UNS WIE DIE RÖMER AN

Für ein übliches römisches Kleidungsstück, die Tunika, braucht ihr ein Bettlaken, das von der Schulter bis übers Knie reicht. Um das Tuch auf das richtige Maß zu bringen, schlagt ihr es einfach um. Die Skizze zeigt euch, wie das Tuch um den Körper gelegt wird. Die festgesteckten Fibeln geben der Tunika einen sicheren Halt. Wenn ihr das Gewand nun etwas über die stramm angezogene Kordel zieht, entsteht der gewünschte Faltenwurf.
Mit offenen Sandalen an den Füßen seid ihr kaum mehr von echten Römerkindern zu unterscheiden.

Immer vier Kinder helfen einander beim Anziehen!

durch Mauern geschützt und besaßen neben dem säulenverzierten Haupthaus ein luxuriöses Badehaus, das mit einer Fußboden- und Wandheizung ausgestattet war. Die Gutshöfe lieferten an die Soldaten Getreide, Fleisch und andere Nahrungsmittel.

Für gut zweihundert Jahre war das römische Leben bei uns heimisch. Städte wie Cannstatt, Ladenburg, Aalen und Welzheim sind neben anderen römische Gründungen. An zahlreichen Stellen unseres Landes fand man und findet man noch heute Fundamente römischer Gebäude, Statuen, Meilensteine und Reste von Haushaltsgegenständen und Waffen.

WIE DIE RÖMER

WIR ESSEN UND TRINKEN WIE DIE RÖMER

Die Römer waren für ihre ausgiebigen Feste und Gelage bekannt. Sie speisten und tranken, während sie sich bequem auf niederen Liegen ausstreckten. Sklaven servierten ihnen Säfte oder mit Wasser vermischten Wein in Tonbechern.

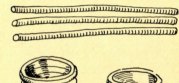

Einfache Tonbecher könnt ihr gut selbst herstellen, indem ihr Tonklumpen fingerstark ausrollt und daraus einen Becher aufbaut. Die Oberfläche wird mit Hilfe von etwas Wasser glatt gestrichen. Nun können mit einem dünnen Holzstäbchen Verzierungen eingeritzt werden. Vielleicht habt ihr Gelegenheit, eure Gefäße zu glasieren und zu brennen, dann könnt ihr tatsächlich daraus trinken. Wenn ihr gerade beim Töpfern seid, könnt ihr euch auch eine römische Öllampe formen. Drückt aus einem gut gekneteten Tonklumpen eine flache Schale mit einer kleinen Schnaube, die mit einem Stäbchen durchbohrt wird. Mit einem Docht aus Baumwollfäden kann sie euer Fest beleuchten.

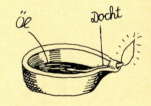

Während es am Morgen und Mittag bevorzugt eine einfache, kalte Mahlzeit gab, die aus Käse, Oliven, Obst und Brot bestehen konnte, dehnten sich die Abendmahlzeiten oft über Stunden aus. Die Gäste ruhten auf Liegesofas um eine lange Tafel herum. Es wurden immer mehrere Gänge serviert mit Gerichten, die uns heute nicht immer ansprechen. So galten neben gebratenen Pfauen auch eingelegte Siebenschläfer als Leckerbissen. Für die Unterhaltung sorgten Musikanten, oder Schauspieler trugen Verse vor.

Beim Essen wurde kein Besteck benutzt, höchstens kleine Löffel. Mit den Fingern tunkten die Römer allerlei Bissen, auch Fleisch und Brot, in würzige Soßen, die sie dann mit Behagen verzehrten. Die Soßen wurden aus verschiedenen Gewürzkräutern wie Liebstöckel, Pfeffer, Kümmel, dazu Essig und Öl sowie Honig zubereitet. Falls euch diese Menüvorschläge nicht munden, wie wäre es mit einer Pizza im Liegen aus der Hand gegessen? Viel Spaß!

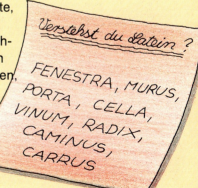

(Fenster, Mauer, Pforte, Keller, Wein, Rettich, Kamin, Karren)

Von Burgen und Bauern

An die Zeit des Mittelalters erinnern uns auch heute noch viele trutzige Burgen oder alte Stadtanlagen mit schönen Fachwerkhäusern, Türmen oder Resten von Stadtmauern. Wir vergessen dabei allzu leicht, daß die Bewohner ständig von Kriegen und Fehden bedroht waren. Um sich gegen ihre Feinde gut wehren zu können, ließen sich die Ritter feste Burgen errichten. Die Geistlichen der Kirche sowie die Bauern und Bürger konnten sich zunächst in Wehrkirchen verschanzen, später befestigten sie ihre Städte durch dicke Mauern und tiefe Gräben.
Der Grund und Boden gehörte damals den Fürsten und der Kirche. Viele Bauern waren Leibeigene ohne Besitz, die für ihre Herrn harte Arbeit verrichten mußten. Die Arbeit für den Grundherrn nannte man auch „Fron". Der zehnte Teil der gesamten Ernte mußte als Steuer abgeliefert werden. In vielen Orten könnt ihr heute noch mächtige Zehntscheuern besichtigen.
Wer das Glück hatte, in einer Stadt zu leben, war meist unabhängig und ein freier Bürger. Die Handwerker organisierten sich dort in Zünften, nach denen auch heute noch manche Straßen benannt sind, wie z. B. Gerbergasse, Korbmachergasse...

Bauen im Mittelalter

Verbreitet war im Mittelalter der Fachwerkbau. Holzbalken wurden miteinander so verzapft und durch Holznägel gesichert, daß ein stabiles Fachwerk entstand. Dieses wurde anschließend mit Steinen ausgefacht. Oft steckte man auch dünne Buchenscheite dazwischen, die man mit Lehmwickeln zuschmierte.
Ein Fachwerk könnt ihr gut auf ein kariertes Blatt abzeichnen. Wie auf dem Foto setzt ihr euch davor und nehmt mit dem Bleistift vor dem Auge Maß. Die dünnen Bleistiftlinien könnt ihr später stärker nachfahren. Besonders deutlich wird das Bild, wenn ihr es mit schwarzen Pappstreifen oder dünnen Holzstäbchen ausklebt.
Selbstverständlich solltet ihr euch auch nach der Geschichte des Bauwerkes erkundigen.

Enge verwinkelte Gassen, schmale Häuschen mit Erkern und Giebeln, Torbogen und Türme kennzeichneten mittelalterliche Städte. Kreisförmige Straßen folgten dem Verlauf der Stadtmauer. Auf alten Stichen könnt ihr solche Stadtansichten noch heute bewundern.
Überall ist man jetzt bemüht, solche Reste der Vergangenheit zu bewahren.
Ihr könnt eine kleine mittelalterliche Stadt nachbauen, wenn ihr Ausschneidebögen verwendet, wie sie in vielen Spiel- und Schreibwarengeschäften angeboten werden. Es macht Spaß, nach Anleitung die kleinen Papierhäuschen zusammenzubauen.
Wenn ihr sie alle auf eine Unterlage setzt und dazu selbst Mauern aus Karton erstellt, erhaltet ihr ein schönes Modell. Viel Spaß beim Basteln!
Informiert euch, welche Städte in eurer Umgebung schon mehr als 600 Jahre alt sind! Stellt eine Liste mit den ältesten Gemeinden zusammen!

Im Mittelalter waren Würfelspiele beliebt. Das ganz rechts abgebildete Tric-Trac-Spiel wurde in der Abfallgrube eines Freiburger Klosters gefunden. Die Würfel waren aus Tierknochen geschnitzt und die Spielfelder in das Spielbrett eingeritzt. Es gab auch Spielbretter mit aus Furnierholz eingelegten Spielfeldern.

Zum Nachbauen verwendet ihr zwei DIN A 4-Blätter im Querformat, ein Holzbrett oder fester Karton sind auch geeignet. Dazu benötigt ihr 15 weiße und 15 schwarze Spielsteine (oder Papierblättchen) sowie 2 Würfel.

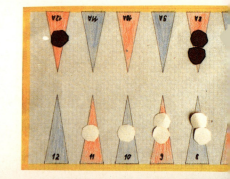

Die Kunst des Schreibens

Schreiben konnten im Mittelalter fast nur Mönche und einige Adelige. In Klosterschulen lehrten Schreibmeister in einem strengen Unterricht die Kunst des Schreibens. Wer durch ständiges Üben ein besonders schönes Schriftbild herstellen konnte, war sehr angesehen. Dies fiel bei den einfachen Schreibgeräten nicht immer leicht. Da die Buchstaben sehr sorgfältig gemalt wurden, benötigte man für ein Schriftstück oft viele Stunden. Das Abschreiben eines Buches dauerte viele Wochen, Monate und manchmal sogar Jahre.

Und so schrieb man: Der schräg angeschnittene Gänsekiel wurde vorsichtig ins Tintenfaß getaucht und am Rande abgestreift. Mit dem geringen Tintenrest schrieb man einige Buchstaben auf Papier. Vorsicht Kleckse! Das Schriftstück wurde mit Streusand bestreut, um es zu trocknen.

Für die Briefe gab es keine extra Umschläge. Sie wurden gefaltet und gesiegelt, das heißt, daß mit heißem Siegellack der Brief verschlossen und das Siegel des Absenders in die noch weiche Masse eingedrückt wurde. Der Bote, der den Brief zu überbringen hatte, konnte ihn nun selbst nicht unbemerkt lesen. Der Empfänger mußte das Siegel erbrechen.

In vielen Schreibwarenläden wird noch Siegellack geführt. Einen echten Siegelring braucht ihr nicht, um einen Brief oder eine Urkunde zu versiegeln. Wenn ihr aus einem Stück Draht den Anfangsbuchstaben eures Namens formt und diesen auf ein Holzklötzchen klebt, habt ihr ein eigenes Siegel.

Damit ihr die damals verwendete besonders schöne Schrift kennenlernt, sind hier einige gotische Schriftzeichen abgedruckt.

ABCDEFGHIJ

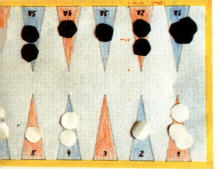

Und jetzt die Spielanleitung:
Sie ist etwas vereinfacht, und ihr findet sie ausführlich bei modernen Backgammon-Spielen.
Alle 15 weißen Steine werden auf Feld 1, alle 15 schwarzen Steine auf Feld 1a gesetzt. Der Weg führt von 1 über 12, und 12a bis 1a oder umgekehrt. Dort hat der Spielstein „ausgespielt". Es wird mit 2 Würfeln gewürfelt. Die addierte Zahl muß in einem Zug ausgeführt werden. Zunächst sollen alle Spielsteine die Startzunge verlassen. Kann die addierte Würfelzahl nicht gezogen werden, darf nur eine der beiden Zahlen benutzt werden. Es können mehrere Steine auf einer Zunge stehen. Wird ein einzelner Stein auf einer Zunge von einem gegnerischen Stein angetroffen, ist er „geschlagen". Er muß zur Startzunge zurückkehren und neu anfangen. Wer zuerst alle Steine ausgespielt hat, hat gewonnen. Versucht's einmal!

ARBEIT WIE

Während im Mittelalter und auch danach die meisten Waren von Hand hergestellt wurden, hat sich dies in den letzten 150 Jahren gewaltig verändert. Maschinen haben einen gewichtigen Anteil an der Arbeit übernommen.
Es begann mit Dampfmaschinen, die Webstühle und Hammerschmieden angetrieben haben. Dampfkessel waren es auch, die vor über 150 Jahren die Räder der ersten Lokomotiven zum Rollen brachten. Das erste Auto fuhr vor etwa 100 Jahren in den Straßen von Mannheim. Dieses von Carl Benz entwickelte Gefährt wurde von einem Benzinmotor angetrieben und ähnelte mehr einer Kutsche als einem Automobil.
Schon 30 Jahre später rollten in Amerika Autos vom Fließband. Um mehr Waren noch schneller und noch billiger herstellen zu können, wurde die Arbeit in kleine Einzelschritte aufgeteilt. Jeder Arbeiter führt stundenlang die gleichen Handgriffe aus, während auf dem Band die Werkstücke an ihm „vorbeifließen". Diese Tätigkeit ist für Menschen sehr anstrengend und ermüdend.
Heute übernehmen vielfach schon automatisch gesteuerte Maschinen, sogenannte „Industrieroboter", die Arbeit der Menschen.

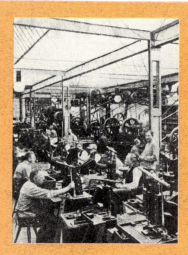

Spielzeug kann man kaufen oder auch selber bauen. Kennt ihr schon den Zauberschrauber? Damit werdet ihr eure Freunde verblüffen. Hui, hui eine geschickte Bewegung mit dem Reibestab über die Kerben und der Propeller dreht sich nach rechts. Hui, hui und nochmals über die Kerben reiben und dieses Mal dreht sich der Propeller nach links. Das grenzt an Zauberei!
Aber nicht immer klappt das auf Anhieb. Ihr braucht etwas Übung und Geduld, bevor ihr euer Kunststück vorführen könnt. Manchmal muß man den Stecken weiter vor oder weiter hinten halten; mit dem Reibestab schneller oder langsamer reiben. Spaß macht es, wenn der Propeller nur so saust. Und jetzt das Geheimnis: Die Drehrichtung des Propellers läßt sich ändern, indem ihr mit dem angewinkelten Finger einmal unten am Haltestab und das andere Mal mit dem Daumen oben an den Kerben entlangstreicht. Versucht's!

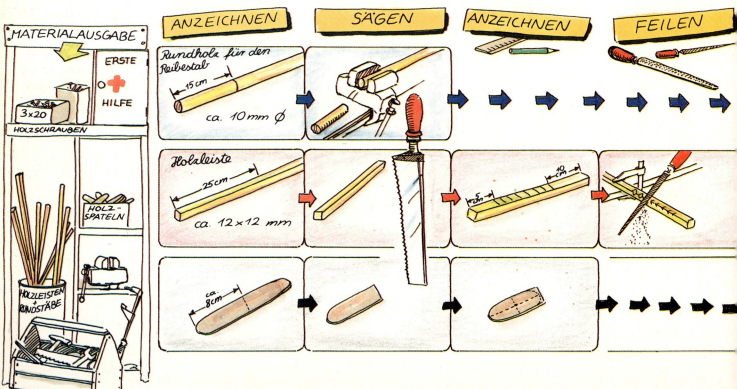

AM FLIESSBAND

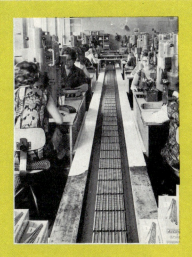

Schon immer haben Kinder gerne gespielt. Als Spielzeuge dienten ihnen zunächst Dinge, die überall aufzufinden waren: Holzstückchen, Rinde, Steine, Sand, Wasser... Die Kinder flochten Püppchen aus Stroh oder schnitzten Schiffe aus Holz. Viele Eltern bastelten für ihre Kinder besonders schönes Spielzeug: Puppen, Hampelmänner, Schaukelpferde.

Erwachsene, die ein besonderes Geschick dafür besaßen, stellten in sorgfältiger Handarbeit Spielsachen in größerer Zahl her. Das oft in langen Wintermonaten hergestellte Spielzeug wurde verkauft, um zum Lebensunterhalt der Familie beizutragen. Handgefertigte Spielsachen sind heute bei Sammlern sehr beliebt und wertvoll.

Um noch mehr und noch schneller Spielsachen derselben Art herstellen zu können, entstanden bald richtige Spielzeugfabriken, in denen am Fließband hunderte oder gar tausende Spielzeuge am Tag hergestellt werden.

Beliebt sind Modellspielsachen, die den echten Gegenständen genau nachgebaut sind. Autos und Eisenbahnen, die ihren großen Vorbildern oft bis in die kleinste Einzelheit entsprechen, entzücken immer und laden zum Spielen ein.

Nach dieser Anleitung kann natürlich jeder seinen Zauberschrauber selbst bauen. Wenn ihr viele herstellen wollt, könntet ihr es mit einer Arbeit wie am Fließband versuchen. Zauberschrauber eignen sich nämlich auch als Geschenke für andere Schüler oder zum Verkauf beim Schulfest.

Für die Fließbandarbeit sind wie in einer richtigen Fabrik sorgfältige Vorbereitungen nötig. Schaut euch die Bildreihe unten genau an, dann könnt ihr eine Materialliste erstellen und die nötigen Werkzeuge mitbringen lassen. Nachdem das Material entsprechend der Klassengröße besorgt ist, werden die Arbeitsplätze an einer langen Bankreihe eingerichtet.

Überlegt gründlich: An manchen Arbeitsplätzen werden immer mehrere Kinder benötigt. Bevor die Arbeit langweilig wird, solltet ihr eine Pause machen.

Dabei kann kann man auch die Plätze tauschen. Und falls es euch anstrengt, denkt daran, das ist eine richtige Arbeit!

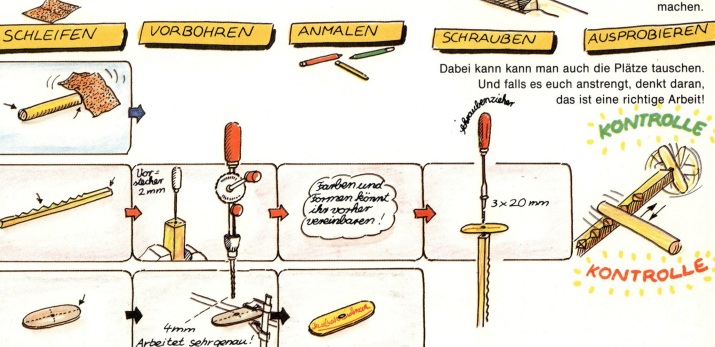

TRAUMBERUF

Ich singe schon mehrere Jahre bei einer Band. Wir proben jede Woche an zwei Abenden. Das ist recht anstrengend. Am Wochenende haben wir Auftritte. Meist kommen wir erst gegen Morgen ins Bett. Wir haben schon Schallplatten aufgenommen. Im Tonstudio wird dann stundenlang die Nummer durchgesungen, bis die Aufnahme im Kasten ist.

Da ich die Natur und die Tiere liebe, wollte ich schon immer Förster werden. Ich habe nach dem Abitur Forstwirtschaft studiert. Die meiste Zeit verbringe ich heute in meinem Büro, um Hiebpläne, Kultivierungsmaßnahmen und Holzverkäufe vorzubereiten oder abzurechnen.

Schon als kleines Mädchen habe ich gern meine Puppen frisiert. Nach der Hauptschule habe ich eine dreijährige Lehre gemacht und bin heute Friseuse. Haare waschen, schneiden und fönen, damit eine tolle Frisur daraus wird, machen mir immer noch viel Spaß.

In unserem Verein gab es sieben Jugendmannschaften. Von all den vielen bin ich der einzige, der heute mit Fußballspielen sein Geld verdient. Ich trainiere täglich mehrere Stunden, um einen Stammplatz in der Mannschaft zu halten. Das kann ich einige Jahre durchhalten, dann muß ich mich nach einem anderen Beruf umsehen.

Nach mindestens neun Jahren Schule und einer dreijährigen Lehre kann man in einem Beruf zu arbeiten beginnen.
Manche gehen dreizehn Jahre zur Schule, und sie studieren anschließend noch fünf Jahre. Wann können sie in ihrem Beruf arbeiten? Die meisten Menschen arbeiten in ihrem Beruf bis zum sechzigsten Lebensjahr. Sie stecken mehrere Jahrzehnte im Berufsleben. Oft müssen sie aber auch ihren Beruf wechseln, da der Arbeitsplatz verlorengegangen ist. Auch im Beruf ist es ständig erforderlich, die neuesten Erkenntnisse zu beherrschen. Deshalb ist auch ein lebenslanges Lernen erforderlich.

BERUFSTRAUM

Meinen Dienst als Lokführer versehe ich schon seit vielen Jahren. Nach meiner Ausbildungszeit bei der Deutschen Bundesbahn bin ich schon mit den verschiedensten Lokomotiven auf allen möglichen Strecken gefahren. Oft mußte ich auch auswärts übernachten.

Nach der Mittleren Reife habe ich meine Ausbildung an einem Lehrkrankenhaus begonnen. Betten machen, Essen bringen, Patienten waschen habe ich bald beherrscht. Nur an den Nachtdienst konnte ich mich schwer gewöhnen. Aber es ist täglich eine Freude, kranken Menschen helfen zu können.

Als Polizeibeamter bin ich nicht ständig auf Verbrecherjagd, wie viele von euch glauben. Viel mehr Zeit nehmen Anzeigen und Protokolle in Anspruch, die auf dem Revier geschrieben werden. Außerdem sind wir viel beschäftigt mit der Überwachung des Verkehrs.

Den Beruf eines Astronauten gibt es nicht. Ich bin ein ausgebildeter Wissenschaftler, der ein spezielles Training bekommen hat. Zuerst wurde ich aber unter vielen Bewerbern ausgesucht, die auch gerne in das Weltall geflogen wären. Die meisten meiner Kollegen sind ausgebildete Piloten. Leider fliegt man nur kurze Zeit im Weltraum, muß sich aber fast jahrelang darauf vorbereiten.

Wenn Katrin, Nico und Bastian auf dem Speicher spielen, verwandeln sie sich in Rennfahrer und Detektive, in Indianer und Hausfrauen. Sie können viele Rollen übernehmen. Welchen Beruf möchtest du ergreifen?

Spiele deinen Lieblingsberuf, ohne ein Wort dabei zu sprechen, vor! Man nennt ein solches Gebärdenspiel „Pantomime".

Weißt du schon, was die Wörter Auszubildender oder Lehrling, Geselle und Meister bedeuten?

Wo Menschen arbeiten

Nico erzählt: „Wenn ich morgens aufstehe, ist Vater meistens schon zur Arbeit gefahren. Er nimmt immer sein Vesper mit und ißt mittags in der Kantine. Am späten Nachmittag kommt er müde zurück.
Manchmal macht er auch Überstunden. Dann wird es noch später. Das Geld, das er verdient, wird auf sein Bankkonto überwiesen. Wenn er sich im Geschäft geärgert hat, gehe ich ihm besser aus dem Wege. Besonders gut ist Vater aufgelegt, wenn am nächsten Tag ein Feiertag ist oder wenn er Urlaub hat. Endlich hat er einmal Zeit, mit mir zu bauen und zu basteln. Darüber freue ich mich riesig."

Katrin möchte mehr über den Beruf ihrer Eltern wissen. Sie hat sich Fragen überlegt, die sie an Vater und Mutter richten möchte.

 Diese Fragen möchte sie auch anderen Berufstätigen stellen.

Fragen zum Beruf:
1. Wie heißt der Beruf?
2. Wie lange dauert die Arbeit?
3. Wo befindet sich die Arbeitsstätte?
4. Wie lange ist der Weg zum Arbeitsplatz?
5. Macht die Arbeit Spaß?
6. Wie verläuft der Arbeitstag?

- ✱ Laß dir wie Katrin über die Arbeit deiner Eltern berichten und schreibe auf!
- ✱ Frage nach, wie viele Urlaubstage deine Eltern haben! Und wie viele Ferientage hast du?
- ✱ Laß dir über ihre Ausbildungszeit erzählen!
- ✱ Ist Schule auch Arbeit? Wie lange arbeitest du in einer Woche für die Schule?

Die Arbeitsstätten in unserem Ort

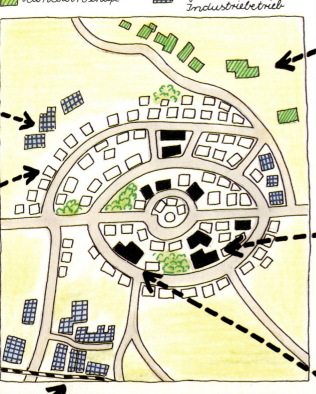

☐ Wohnhaus ■ Geschäftshaus
▨ Landwirtschaft ▦ Gewerbe- und Industriebetrieb

* Diese Karte hat eine Klasse erstellt! Fertigt euch einen Plan an, in dem die Arbeitsstätten eurer Eltern eingetragen sind!
* Achtet auf die Standorte, an denen sich die Betriebe befinden! (Denkt nach!)

Wie weit sind die Arbeitsstellen von der Wohnung entfernt?

Verkehrsmittel / Entfernung	👞	🚲	🚗	🚌	🚆
bis 1 km	II		I		
bis 5 km		I			
bis 10 km			III		
über 10 km			IIII		

* Bruno lacht: Wenn mein Vater die letzte Tür im Hausgang öffnet, steht er schon im Geschäft!

"Ohne mich wäre mein Schuhmacher arbeitslos!"

* Die abgebildeten Fotos und Zeichen gehören zu folgenden Berufen: Arzthelferin, Bäcker, Buchbinder, Büroangestellte, Elektriker, Landwirt, Maurer, Maschinenführer, Mechaniker, Metzger, Schneider, Schreiner, Schuhmacher, Verkäuferin.
* Viele Berufe lassen sich an ihren Arbeitsgeräten und ihrer Berufskleidung unterscheiden. Sucht Beispiele!
* Spielt miteinander „Heiteres Beruferaten"!
* Stellt ein Abc der Berufe zusammen!

> Früher waren die Arbeiten im Handwerk körperlich sehr anstrengend. Die Menschen mußten schwer schuften, um ihren Lebensunterhalt zu verdienen. Schwielige Hände und oft sogar körperliche Gebrechen zeugten von der harten Arbeit.

HANDWERK

Handwerk – mit der Hand?

Opa Tischler erinnert sich noch genau an seine Lehrzeit in der Schreinerei. Er erzählt gern, wie früher in seinem Handwerk gearbeitet wurde:

Zunächst suchte ich im Holzlager ein gut abgelagertes Stück Bohle. Mit meiner scharfen Handsäge sägte ich dann ein entsprechendes Stück Brett ab.
Nun spannte ich es in der Hobelbank ein und hobelte es mit dem Hobel, damit es glatt wurde und die richtige Stärke bekam. Das Werkzeug flog nur so hin und her, und überall lagen die Hobelspäne. Bald rann mir der Schweiß über die Stirn.
Mit der Bohrwinde drehte ich langsam die vorher angezeichneten Löcher ins Holz.
Jetzt schmirgelte ich sorgfältig die Oberflächen mit dem Schmirgelpapier ab, so daß sie ganz glatt wurden.
Zuletzt lackierte ich das fertige Regalbrett mit dem Pinsel.
Endlich konnte ich die Werkstatt zusammenfegen.

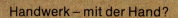

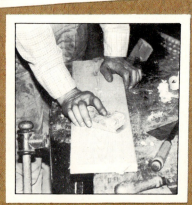
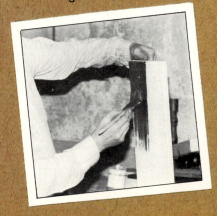

✿ Ihr könnt euch selbst ein Besenstielmännchen herstellen!

   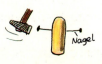  

sägen — feilen — schmirgeln — nageln — anmalen — ausstellen

MIT DER HAND?

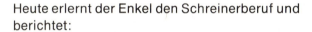

Heute haben die Maschinen einen Großteil der schweren Arbeiten übernommen. Aber immer sind noch viele Handgriffe selbst bei einfachen Stücken zu tun. Desto mehr freut das fertige Werkstück seinen Meister.

Heute erlernt der Enkel den Schreinerberuf und berichtet:

Mit dem Stapler lade ich das angefahrene Material vom Lastwagen.

Der Zuschnitt erfolgt auf der schnellaufenden Kreissäge. Rasend fressen sich die scharfen Sägezähne durch das Holzstück. Da muß ich sehr vorsichtig sein.

Die Hobelmaschine wird auf die entsprechende Stärke eingestellt und hobelt exakt auf die gewünschte Dicke.

Die Späne werden fast alle sofort von der Absaugvorrichtung abgesaugt.

Die elektrische Bohrmaschine bohrt mühelos saubere Löcher.

Eine völlig ebene Oberfläche erzielt die Bandschleifmaschine.

Das Brett wird mit Druckluft entstaubt und kann nun gespritzt werden.

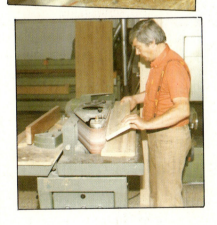

✱ Der Besenstiel ist aus massivem Holz. Die meisten Möbel sind furniert. Laßt euch den Unterschied erklären!

✱ Wißt ihr, was sonst noch in einer Schreinerei hergestellt wird? Ihr könnt einmal eine besuchen!

✱ Sucht in Gruppen etwas über die Unterschiede zwischen früher und heute in der Landwirtschaft, im Haushalt, in Lebensmittelgeschäften wie auch beim Bäcker zu erfahren!

✱ Was könnt ihr über alte Berufe herausbekommen? Über manche Berufe wie Wagner, Drechsler, Schmied lest in Büchern nach!

KINDERZEIT

Die Mutter bittet Bastian ab und zu um kleine Arbeiten. Manchmal hilft er gern, aber meistens kommt es ihm recht ungelegen.

⚙ Spielt miteinander solche Szenen!

Kinderarbeit in einem englischen Bergwerk (um 1850)

Noch vor hundert Jahren mußten Kinder auch bei uns oft viel und schwer arbeiten. In Bergwerken zogen und schoben Kinder sogar unter Tage die gefüllten Loren, da sie in den niedrigen Stollen wegen ihrer kleinen Gestalt aufrecht gehen konnten.
Zahlreiche Kinder waren bei Feldarbeiten beschäftigt oder hüteten den ganzen Tag über die Tiere, die regelmäßig auf die Weiden getrieben wurden.
Hausarbeiten wie Wasser holen, Holzscheite für den Herd bringen, als auch sonst der Mutter oder dem Vater zur Hand gehen, waren tägliche Aufgaben von Kindern.
Familien hatten in der damaligen Zeit oft viele Kinder. Sie konnten als billige Arbeitskräfte eingesetzt werden.
Deshalb konnten die meisten Kinder nur unregelmäßig oder gar keine Schule besuchen. Richtig lesen und schreiben lernten nur wenige.
Erst zu Beginn unseres Jahrhunderts wurde ein Kinderschutzgesetz eingeführt, das die Kinderarbeit verbot. Damit bekamen die Kinder Zeit, Schulen zu besuchen wie auch einen Beruf zu erlernen.

⚙ Viele Geschichten erzählen, wie Kinder früher lebten und arbeiteten. Lest eine solche Geschichte in der Klasse!
⚙ Laß dir von älteren Leuten erzählen, wie sie in ihrer Kindheit arbeiten mußten!
⚙ Zähle auf, welche Arbeiten auch heute Kinder verrichten können! Ist das Kinderarbeit?

– KINDERLEID

Juan und José, zwei neun Jahre alte Jungen, stehen vor dem Eingang zu einem Stollen. Der Stollen gehört zu einem Bergwerk in Südamerika. Mit den Werkzeugen in ihren Händen arbeiten sie acht Stunden täglich in den niedrigen und engen Gängen. Die Arbeit ist mühsam und gefährlich, und oft geschehen Unfälle.
Die paar Pfennige, die sie verdienen, reichen kaum aus, um satt zu werden. Mit ihren Geschwistern und Eltern hausen sie in kleinen Hütten, die meist nur aus einem einzigen Raum bestehen. Obwohl sie hart arbeiten, werden Juan und José ihr Leben lang arm bleiben.

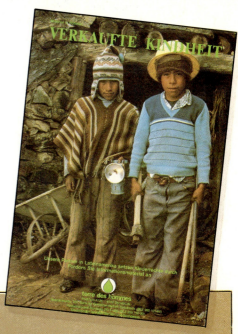

In vielen Ländern Asiens, Afrikas und Südamerikas müssen Kinder arbeiten und werden als billige Arbeitskräfte ausgenutzt. Sie verrichten zahlreiche niedrige Arbeiten. Dabei arbeiten sie als Schuhputzer, verkaufen Zeitungen, sammeln Schädlinge und hacken Felder, schleppen Wasser, sortieren Müll, knüpfen Teppiche. Manchmal ist die Not so groß, daß Eltern ihre Kinder für Monate oder Jahre an fremde Leute zum Arbeiten verleihen. Diese bleiben ohne Schulbildung und können keinen richtigen Beruf ergreifen.

Tausende von Kindern sitzen täglich vor ihren Webstühlen und weben oder knüpfen mit ihren kleinen geschickten Fingern Teppiche. Der Tagesverdienst reicht oft nicht einmal für das Essen. Da für jeden Meter eines Teppichs viele tausend Knoten benötigt werden, kann man sich vorstellen, wie anstrengend und langweilig zugleich sich die Arbeit über die vielen Stunden des Tages dahinzieht.
Weil die Kinder wenig Lohn erhalten, können die Teppiche mit großem Gewinn verkauft werden.
Heute kämpfen viele Menschen gegen die Ausbeutung von Kindern. Sie bauen zum Beispiel Kinderschutzzentren, in denen Ärzte und Lehrer tätig sind, die den ausgebeuteten Kindern helfen wollen.

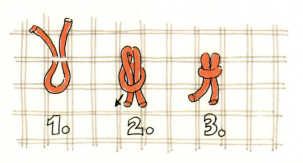

- Besorgt euch Stramin und Wollreste! Dann könnt ihr anfangen, einen Teppich zu knüpfen. Damit bekommt ihr sicher schnell eine Vorstellung von der Schwierigkeit der Arbeit.

- Weitere Informationen könnt ihr von verschiedenen Organisationen wie Unicef, terre des hommes, SOS-Kinderdörfer, Brot für die Welt, Misereor und dem Kinderschutzbund erhalten!

Bohnen leben nur ein Jahr

Bohnenkerne sollen in Samentüten kühl und trocken aufbewahrt werden. Sie ruhen, bis Wasser und Wärme sie zu neuem Leben erwecken.

Bohnenkerne sind die Samen von Bohnen. Sie sind kleine Bohnenpflanzen im Ruhezustand. Sie haben ausreichend Nährstoffe (Stärke) bei sich und sind von einer schützenden Hülle umgeben.

- Laßt einige Bohnenkerne über Nacht in Wasser quellen! Was beobachtet ihr?

- Brecht die beiden Bohnenhälften auseinander und betrachtet sie mit einer Lupe!

- Steckt mehrere Feuerbohnenkerne 2–3 cm tief in Blumenerde, die sehr feucht gehalten wird. Wenn ihr sie in einem Glas an die Wand legt, könnt ihr auch die Entwicklung der Wurzeln beobachten.

- Haltet in einem Bohnentagebuch fest, wann die ersten Pflanzenspitzen aus dem Boden schauen und wie schnell sich eure Bohne entwickelt. Meßt täglich nach, wieviele Zentimeter eure Bohne gewachsen ist.

- Wenn das Pflänzchen etwas größer geworden ist, könnt ihr es ins Freie setzen und mit einer Stange abstützen, an der sich die Bohne hochranken kann. Im Freien kann sie sich besser entwickeln.

- Aus den roten Blüten der Feuerbohne entwickeln sich später Hülsen mit Bohnenkernen.

Auf den Boden kommt es an!

Gemüse könnt ihr ohne viel Mühe im Laden kaufen. Dabei müßt ihr aber auch die Nachteile beachten:

- Gekauftes Gemüse ist oft mehrere Tage alt und hat schon viel von seiner Frische und seinem Geschmack verloren.
- Oft wird chemischer Dünger verwendet, der ein starkes Größenwachstum bewirkt, doch das Gemüse schmeckt dann nicht so gut.
- Häufig wird das Gemüsefeld gegen Unkraut, Ungeziefer, Pilzbefall oder Krankheiten mit Chemikalien gespritzt, so daß auch das Gemüse Giftstoffe enthalten kann.

Da ist es schon besser, wenn ihr euer eigenes Gemüse anbaut. Doch Gärtnern will gelernt sein. Hier einige Tips, damit Pflanzen gut wachsen und gedeihen können:

Pflanzen brauchen einen guten Boden...

Fast jede Pflanzenart braucht einen besonderen Boden, lokkeren oder festen, leichten mit viel Sand oder schweren mit viel Lehm, kalkreichen Boden oder sauren mit wenig Kalk. Nur wenige Pflanzen kommen mit fast jedem Boden zurecht.

...der viele Nährstoffe enthält!

Die Pflanzen saugen mit ihren Wurzeln Wasser auf, in dem Nährstoffe gelöst sind. Wer nun über mehrere Jahre auf demselben Platz Gemüse heranzieht, erntet immer weniger.

Damit Pflanzen gut wachsen, muß man dem Boden immer wieder Nährstoffe zuführen. Chemischer Dünger macht die Pflanzen zwar groß, ist aber teuer und schadet dem Boden, wenn zu stark gedüngt wird (die Kleinlebewesen sterben ab).
Gut sind alle **organischen Stoffe,** die von Pflanzen oder Tieren stammen: Gras, Gartenabfälle, Holzasche, Küchenabfälle, Laub, Mist von Tieren...

Der gute Gärtner legt für alle diese Stoffe einen **Komposthaufen** an. Unzählige Kleinlebewesen und Bakterien verarbeiten die Pflanzenabfälle. Man sagt, die Pflanzen „verrotten". So entsteht eine braune Komposterde, die für weiteres Gemüse reiche Nahrung liefert.

Was brauchen Pflanzen zum Leben?

Katrin hat einen Flaschengarten gesehen. In einem großen Glaskolben leben schon seit vielen Monaten ein Usambaraveilchen, eine Buntnessel, Farn und Efeu, obwohl das Glas verschlossen ist, niemand gießt und die Pflanzen nicht mehr besonders gepflegt werden. Wie ist das möglich? – Was brauchen Pflanzen zum Leben?

Pflanzen brauchen Licht und Wärme!
Damit Pflanzen die Kraft haben, Nahrung aufzunehmen und Luft umzuwandeln, spendet ihnen die Sonne Energie.

Pflanzen brauchen Luft!
Um Nährstoffe in Pflanzenteile umzuwandeln, in Blätter, Zweige, Blüten und Samen, brauchen sie Luft. Die Blätter nehmen Atemluft auf, durch das „Blattgrün" wird sie umgewandelt und erneuert und als Sauerstoff wieder zurückgegeben.

Pflanzen brauchen Nahrung!
Das Wasser löst Nährstoffe aus der Erde und bringt sie den Pflanzen mit, wenn das Wasser durch die Wurzeln aufgesogen wird. Ein Teil des Wassers verdunstet wieder an der Oberfläche von den Blättern.

Ohne Erde, Wasser, Luft, Licht und Wärme können Pflanzen nicht leben!

Aber: Wie funktioniert ein Garten im Glas?

Katrin, Nico und Bastian wollen einen Flaschengarten anlegen. Da sie keine geeignete Flasche haben, nehmen sie ein leeres **Aquarium,** das sie später mit einer Glasscheibe zudecken. Vorsicht: Das Glas muß farblos sein!

Auf den Boden kommt zunächst eine Schicht **Kies** (zerklopfte Tonscherben oder Holzkohlen sind auch möglich).

Darüber streuen sie **Blumenerde** (oder Gartenerde mit etwas Torf). In diese Erde setzen sie nun ihre **Pflanzen**: ein Usambaraveilchen, Farne, eine Buntnessel und Efeu. Katrin legt zur Verzierung einen Stein dazu. Die Pflanzen werden gut **angegossen** und dann das ganze Aquarium mit einer Glasscheibe **verschlossen.**

Nun macht der Garten keine Arbeit mehr. Er funktioniert ganz von allein und sieht sehr hübsch aus.

Ein Kreislauf wie in der Natur

Außer Licht und Wärme kann nichts mehr in das Glas hinein und nichts mehr heraus. In dem Garten wird das Wasser von den Pflanzen aufgesogen, verdunstet an der Oberfläche der Blätter und wird durch die feuchte Luft der Erde wieder zugeführt. Damit ist der Wasserkreislauf geschlossen.
- Neben dem Wasserkreislauf gibt es auch einen Ernährungskreislauf. Versucht ihn herauszufinden und beschreibt ihn!
- Erkläre, wie in dem Garten im Glas das Leben in der Natur nachgeahmt wird!

Stellt euren eigenen Garten im Glas her!

Ihr werdet viel Freude haben!

Wer seinen Garten in einem Glas mit kleiner Öffnung anlegen will, muß sich hierfür eigenes Handwerkszeug herstellen.

Pflanzen brauchen auch Wärme

Der Gärtner hat ein beheizbares Gewächshaus. In ihm wächst und gedeiht sein Gemüse, selbst wenn draußen die Nachtfröste Unheil anrichten.

Ein kleines Gewächshaus könnt ihr für euer Gemüse aber auch selbst herstellen, **einen Folientunnel!** Auch er schützt vor Witterungseinflüssen, vor Kälte, Wind, Regen und Hagel.

Pflanzen brauchen deine Hilfe!

Schützt unsere heimischen Pflanzen

Was die Liebhaber unserer Natur und Landschaft schon lange wissen, wurde jetzt vom Ministerium für Landwirtschaft und Umwelt bestätigt: Unsere heimische Pflanzenwelt ist bedroht! Biologen zählten in Baden-Württemberg 1583 Arten von einheimischen Farn- und Blütenpflanzen. Davon sind jedoch 68 bereits ausgestorben und 451 bedroht oder gefährdet. In sogenannten „Roten Listen" sind die bedrohten Pflanzenarten erfaßt. Das Ministerium hat Untersuchungen über die Ursachen dieser Bedrohung veranlaßt und alle Naturkunde- und Wandervereine, aber auch jeden einzelnen Wanderer aufgerufen, sich aktiv am Naturschutz zu beteiligen.

Dürfen wir Menschen so mit der Natur umgehen?

Weshalb sind die Pflanzen in Gefahr?

Seit der Bach reguliert wurde, gibt es keinen „Blauen Eisenhut" mehr!

Wieder einmal haben Kinder einen ganzen Strauß „Schlüsselblumen" gepflückt und dann weggeworfen!

So eine schöne „Silberdistel" nehme ich mit nach Hause!

Ich grabe einen „Fingerhut" aus und pflanze ihn in meinen Garten!

Wir haben viele neue Freizeitangebote: Sportplätze, Campingplätze, Waldspielplätze... Wie viele Pflanzenarten gibt es deshalb bei uns nicht mehr?

Der Bauer hat die Wiese so stark gedüngt, daß alle „Trollblumen" eingegangen sind!

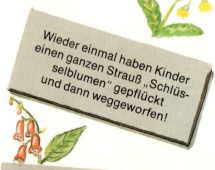

Nun wurde auch dieser Teich trockengelegt. Schade um die schönen „Seerosen"!

Diese Heide wird ein guter Acker!

Unser Ort ist viel größer geworden: eine neue Siedlung, die Straße wurde verbreitert, ein Fabrikgelände ist entstanden. Nur schade um den großen Lebensraum von Pflanzen und Tieren!

Es gibt Gesetze und Verordnungen
Zum Schutze der Natur und zur Pflege der Landschaft!

Die Bedrohung unserer Pflanzenwelt ist groß geworden! Einzelne Pflanzenarten und ganze Gebiete, in denen seltene Pflanzen leben, müssen durch Gesetze geschützt werden.

Pflanzenarten werden unter anderem geschützt,
- weil sie selten sind und die Gefahr besteht, daß sie aussterben;
- zur Erhaltung der Vielfalt und Eigenart von Natur und Landschaft;
- aus wissenschaftlichen Gründen;
- aus Verantwortung für die Geschöpfe, die mit uns auf der Erde leben.

Teilweise geschützte Pflanzen
Sie dürfen gepflückt, aber nicht vom Standort entfernt werden: Maiglöckchen, Schneeglöckchen, Schlüsselblume. (Versuche zu erklären, warum bei diesen Pflanzen nur die unterirdischen Teile geschützt sind!)

Vollkommen geschützte Pflanzen
Sie dürfen nicht beschädigt oder vom Standort entfernt werden: Akelei, Frauenschuh, Küchenschelle, Trollblume, Waldvögelein ...

Türkenbund: Seine Blüte sieht wie ein roter Turban aus, der mit braunen Flecken bedeckt ist. Man findet ihn auf Waldwiesen mit kalkhaltigen Böden. Bedroht durch Blumenpflücker.

Knabenkraut: Wächst auf sonnigen Wiesen und ist vor allem durch Blumenpflücker und landwirtschaftliche Nutzung gefährdet.

Küchenschelle: Alle Teile sind mit dichtem „Pelz" bedeckt. Liebt Kalkböden und Wärme. Lebt in Heidegebieten. Jede Nutzung des Standortes vertreibt sie.

Akelei: Wächst auf kalkhaltigen, etwas feuchten Böden in Wiesen und Wäldern. Bedroht durch Blumenpflücker.

Orchideen sind besonders seltene und kostbare Pflanzen. Man schützt sie am besten, indem man ihren Standort geheimhält.

Der Samen des FRAUENSCHUHS kann erst keimen, wenn er auf einen besonderen Orchideenpilz trifft. Pilz und Orchidee leben in enger Verbindung (Symbiose). Der Frauenschuh lebt drei Jahre unterirdisch und schiebt erst im vierten Jahr sein erstes Laubblatt nach oben. Nach etwa 12 Jahren erscheint eine Frauenschuhblüte.
Die kräftig gelbe Lippe der Blüte ist eine Kesselfalle, in der Insekten gefangen werden, bis sie die Bestäubung durchgeführt haben.
Andere Orchideen: Waldvögelein, Knabenkraut.

 Was du für den Naturschutz selbst tun kannst!
- *Pflücke keine seltenen Pflanzen!*
- *Grabe keine Pflanzen mit den Wurzeln aus!*
- *Betrete Naturschutzgebiete nur auf den vorgesehenen Wegen!*
- *Brenne keine Wiesen oder Hecken ab!*
- *Führt in eurer Klasse eine Naturschutzausstellung durch!*
- *Wenn du von der Gefährdung oder geplanten Zerstörung eines Naturschutzgebietes erfährst, kannst du an den zuständigen Landrat schreiben und ihn um Erhaltung des Gebietes bitten!*

Die Entwicklung des „Frauenschuhs" im Laufe von 12 Jahren.

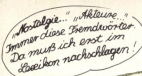
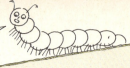

WIE VINCENCO IN

Zum 75jährigen in Eisingen
Festzug voller Nostalgie
Einfallsreichtum der Akteure verblüffte Zuschauer

Die Grundschule Eisingen und der Förderverein zeigten mit einer Kindergruppe, wie die Schüler in vergangenen Zeiten zur Schule kamen.

„Du stehst in der Zeitung", rufen die Klassenkameraden Vincenco schon von weitem zu, als er am Montagmorgen in die Schule kommt. Aufgeregt strecken sie ihm einen Teil der Montagszeitung entgegen. Tatsächlich – auf dem Bild ist Vincenco deutlich zu erkennen. Gestern, am Sonntagnachmittag, hatte er beim Festumzug des Fußballvereins das Schild der Schule vorangetragen. Heute schon steht ein Bericht mit Bildern über dieses Ereignis in der Zeitung. „Die waren aber schnell", staunen die Kinder.

In der Tat – auf Schnelligkeit kommt es bei der Zeitung an, wenn sie aktuell sein will. Bei einer Vorbesprechung für die Montagsausgabe war festgelegt worden, daß ein Reporter von der Lokalredaktion einen Bildbericht von dem Festumzug in Eisingen machen soll. Noch am selben Abend tippt der Reporter seinen Bericht. Inzwischen werden die Bilder entwickelt. In der Schlußbesprechung wird entschieden, welche Berichte endgültig in welcher Länge und mit welchen Bildern gebracht werden sollen.

Der Bericht kommt mit zwei Fotos in den Heimatteil der Zeitung. Alle Texte und Fotos werden nun so zusammengeklebt, wie später die fertigen Zeitungsseiten aussehen sollen. Das nennen die Zeitungsleute den „Klebeumbruch". Von den fertig montierten Seiten werden Druckplatten hergestellt. Um 23 Uhr läuft die große Druckmaschine an. Sie kann in einer Stunde 25 000 Zeitungen drucken. Mitten in der Nacht, wenn alle Leute schlafen, werden die Zeitungen verpackt und ausgefahren. Zwei große Packen lädt der Fahrer vor der Tür der Zeitungsträgerin ab. Schon um halb fünf Uhr in der Frühe beginnt Frau Seeger mit dem Austragen der Zeitungen, damit spätestens zum Frühstück jeder Abonnent seine Zeitung im Briefkasten hat. Selbst das Ergebnis des Fußballspiels, das am Vorabend erst um

Ein Schulmeister von anno dazumal

EISINGEN. Pünktlich um 14 Uhr startete gestern der große Festumzug aus Anlaß des 75jährigen Bestehens des FSV Eisingen durch die festlich geschmückte Enzkreisgemeinde. Der Zug wurde angeführt von dem Musikverein. In der Kutsche folgten der Festpräsident, Bürgermeister Kiko und der Ehrenvorsitzende des Festvereins.
Die Kinder des Waldparkkindergartens mit Erzieherinnen und Eltern stellten die erste Fußgruppe. In alten Kleidern – die Kinder an einer langen Leine geführt, kamen sie dem Motto des Umzuges „Eisingen gestern und heute" nach. Die Kleintierzüchter mit ihrem Wagen zeigten, daß bei ihnen nicht nur gezüchtet, sondern auch gefeiert wird.
Die Grundschule und der Förderverein zeigten Kleider, die schon lange in der Mottenkiste verschwunden waren. Auf dem Festwagen saß eine Schulklasse, die mit Sicherheit die alte deutsche Schrift nicht lesen konnte. Der TTC wäre wohl froh, wenn er einen Spieler von der Art von „Bum Becker" in seiner Reihe hätte. Der beschädigte Schläger am Wagen ist nicht in England zerbrochen...

22.00 Uhr abgepfiffen wurde, steht schon in der Zeitung. Darauf sind die Leute von der Zeitung mächtig stolz.

Bist du oder deine Schule auch schon einmal in der Zeitung gestanden? Hast du die Berichte ausgeschnitten und kannst sie mitbringen?
Befragt den Austräger eurer Lokalzeitung über seine Arbeit!
Sammelt Berichte aus dem Mitteilungsblatt eurer Gemeinde über Ereignisse in der Schule!

DIE ZEITUNG KAM

Die Pforzheimer Zeitung, aus der dieser Bericht stammt, ist nur eine der vielen Zeitungen, die täglich erscheinen. In manchen Städten gibt es zwei verschiedene Tageszeitungen, die über die Ereignisse am Ort berichten, jede anders und in unterschiedlicher Aufmachung. Da hat dann der Leser die Wahl, welche Zeitung ihm besser gefällt. Manche Zeitungen sind in ganz Baden-Württemberg verbreitet, andere sogar in ganz Deutschland. Diese großen überregionalen Tageszeitungen gibt es auch im Ausland zu kaufen. Manche Zeitungen erscheinen nur einmal in der Woche. Diese Zeitungen nennt man Wochenzeitungen.

Außer Zeitungen gibt es viele verschiedene Zeitschriften. An einem Kiosk informieren sich Nico, Bastian und Katrin genauer. Manche Zeitungen und Zeitschriften kennen die drei, viele sind ihnen unbekannt. „Daß es so viele verschiedene Zeitschriften gibt, hätte ich nicht gedacht", meint Katrin. Nico interessiert sich für Bastelzeitschriften, und Bastian hat Kinderzeitschriften entdeckt. „Was geschieht mit den Zeitungen, die sie heute nicht mehr verkaufen? Die sind doch morgen nicht mehr aktuell", wollen Nico, Bastian und Katrin zuletzt wissen.

- Welche Zeitung wird an eurem Heimatort am meisten gelesen?
- Welche Gründe sprechen dafür, sich regelmäßig aus der Zeitung zu informieren?
- Welche Zeitungen und Zeitschriften kennt und lest ihr?
- Wodurch unterscheiden sich Zeitungen von Zeitschriften? Welche Arten von Zeitschriften gibt es?
- Sammelt Zeitungen und Zeitschriften und baut in der Schule einen Zeitungskiosk auf!
- Erkundigt euch wie Nico, Bastian und Katrin an einem Zeitungskiosk!
- Befragt Eltern, Verwandte und Bekannte, welche Zeitungen und Zeitschriften sie lesen und warum!

Wieviele Zeitungen und Zeitschriften führen Sie?

Wieviele Zeitungen verkaufen Sie am Tag?

Welche Zeitung und Zeitschrift wird am meisten verlangt?

Was kaufen Kinder am meisten?

Sehr geehrte Zeitungsmacher,

im Heimat- und Sachunterricht der 4. Klasse nehmen wir gerade das Thema „Zeitung" durch. Um mehr über die Zeitung zu erfahren, möchten wir gerne 14 Tage lang in der Schule die Zeitung lesen. Könnten Sie uns für diese Zeit Ihre Zeitung liefern? Wir sind 21 Schüler und sind auf Ihre Antwort sehr gespannt.

Viele Grüße

Ihre Klasse 4a

WUSSTEST DU SCHON,

...daß die erste deutsche Tageszeitung 1650 in Leipzig erschien? Die Auflage betrug zunächst kaum mehr als 150 Exemplare.
...daß heute in der Bundesrepublik Deutschland rund 400 Tageszeitungen mit einer Auflage von etwa 20 Millionen Exemplaren erscheinen?
...daß ohne Anzeigeneinnahmen die Zeitungen etwa dreimal so teuer sein müßten?
...daß die neuesten Meldungen der Agenturen über Fernschreiber an die Zeitungsredaktionen weitergegeben werden? Das ist so eine Art Telefon mit Schreibmaschine.
...daß auf ähnliche Weise mit Bildschreibern Bilder weitergegeben werden können? Statt Buchstaben werden weiße, graue und schwarze Punkte durchgegeben, aus denen das Bild zusammengesetzt wird. Schau dir mal ein Zeitungsbild unter der Lupe an!

Zeitungsleser wissen mehr

In der 4a wird 14 Tage lang erst einmal gemeinsam Zeitung gelesen, bevor der eigentliche Unterricht beginnt. „Das ist gar nicht so langweilig, wie ich erst dachte", meint Taner und blättert im Sportteil. Schon nach wenigen Tagen wissen die Viertkläßler, wo sie welche Meldungen finden. Sie haben für die verschiedenen Teile der Zeitung große Papierbögen vorbereitet und mit Überschriften versehen. Interessante Artikel werden ausgeschnitten und in der richtigen Sparte aufgeklebt. So wird aus der Tageszeitung eine eigene „Klebezeitung" der 4a. Auf ähnliche Weise läßt sich auch eine Wandzeitung herstellen oder ein „Archiv" anlegen, wenn die Artikel in entsprechend beschrifteten Ordnern gesammelt werden.

- Zu welchen Teilen der Zeitung gehören die unten abgedruckten Zeitungsberichte?
- Stellt fest, aus welchen Teilen eure Tageszeitung besteht?
- Notiert euch, wie viele Seiten die verschiedenen Teile der Zeitung haben!
- Welche Teile der Zeitung interessieren euch am meisten?
- Erkundigt euch bei euren Eltern, Verwandten und Bekannten, warum sie Zeitung lesen, was sie in der Zeitung besonders interessiert und wie lange sie täglich Zeitung lesen!
- Klebt euch eure eigene Zeitung oder stellt eine interessante Wandzeitung her!
- Legt euch euer eigenes Zeitungsarchiv an!

Null-Nummer fertig
Zeitung für Kinder
BREMEN. Eine aktuelle Wochenzeitung für Kinder mit dem Titel „Klick" soll von Januar 1986 an in der ganzen Bundesrepublik sowie in West-Berlin vertrieben werden. Sie soll acht- bis 14jährigen Jungen und Mädchen Informationen über politische, kulturelle, wirtschaftliche und sportliche Ereignisse bieten.
Herausgeber

Bastel-Ente
für 400,- DM zu verkaufen.
Telefon (0 22 31) ...

Mädchenfahrrad
rot, Neupreis 280,- DM, für 100,- DM bar sofort zu verkaufen. Tel. Pforz...

Für eine Woche
Königssohn von Schule verwiesen
Der jüngere der beiden Söhne von Dänemarks Königin Margrethe II., Prinz Joachim, muß seiner Schule zwangsweise fernbleiben. Der 15jährige hatte gemeinsam mit Klassenkameraden bei einer Schüleraufführung der „Dreigroschenoper" von Berthold Brecht randaliert und den Abbruch der Vorstellung erzwungen. Der Direktor des Øregaard-Gymnasiums in Kopenhagen, das beide Prinzen besuchen, bestrafte die Übeltäter mit einem zeitlich begrenzten Verweis von der Schule.

Vogelschützer:
Kaum noch Chancen für den Neuntöter
STUTTGART. Der Neuntöter – von den Umweltschützern zum Vogel des Jahres 1985 gekürt – hat in der intensiv genutzten Agrarwirtschaft Baden-Württembergs keine Chance mehr. Aber auch das Überleben von Turmfalken, Wachteln, Rebhühnern und selbst der als anpassungsfähig geltenden Feldlerchen werde immer fraglicher, teilte der Deutsche Bund für Vogelschutz (DBV) Baden-Württemberg in einer Bilanz über den Bestand der Vogelarten in verschiedenen Teilen des Landes mit. Als lebensbedrohliche Faktoren erwiesen sich vor allem die Umwandlung von Wiesen in Ackerland, die Vernichtung von Hecken und Feldrainen im Zuge der Flurbereinigung, die weiter intensivierte Bewirtschaftung von Wiesen und Äckern sowie die Ausbringung von Pestiziden. Nur in unberührt gebliebenen Heckenlandschaften und Streuobstgebieten seien die Neuntöterbestände stabil geblieben.

Steuersenkungen
Im Mittelpunkt stehen Familien mit Kindern
... unter anderem ...Gipfeltreffen in Genf, über SDI, den Vulkanausbruch in Ko...
Auch Ausflug ins Mittelalter
Kultur für Kinder macht ganz besonderen Spaß
Interview mit Museumspädagoge Horst Frisch

...Landung ist geglückt
Ursula
ist da.
alle freuen uns
...ma, Papa, Oma, Opa

„Mein Vater geht immer ohne Hut!"
„Was ist das schon! Meiner geht sogar ohne Haare!"

„Als Konrad dich mit Steinen warf, hättest du nicht wieder werfen dürfen, sondern gleich zu mir kommen sollen!"
„Aber, Mutti, du kannst doch gar nicht zielen!"

779mal als „Strichmännchen"
Kohl 1985 beliebtestes Motiv der Karikaturisten
Genscher und F.J.S. auf nächsten Hitlisten-Plätzen

Kinderbriefe zum Gipfel
GENF. In einer weltweiten Aktion, die von der Hamburger Organisation „Peace Bird" ausgeht, fordern über 4000 Kinder aus der Bundesrepublik, der DDR, den Niederlanden, Österreich, Belgien, Schweden, der Schweiz, Italien, Spanien, Frankreich, den USA, und mehreren anderen Ländern den amerikanischen Präsidenten Reagan und den sowjetischen Parteichef Gorbatschow auf, auf ihrem Gipfeltreffen in Genf den Frieden zu sichern.

Kleines Lexikon für Zeitungsleser

Abonnent Wer eine Zeitung regelmäßig und über längere Zeit bezieht, ist Abonnent einer Zeitung. Jeden Morgen findet er seine Zeitung schon sehr früh im Briefkasten. Im Abonnement ist eine Zeitung billiger, als wenn du sie einzeln am Kiosk kaufst.

Anzeigen Mit dem Abdruck von Geschäfts- und Privatanzeigen verdient die Zeitung Geld. Ohne diese Einnahmen wäre die Zeitung für den Bezieher viel teurer.

Auflage Die Anzahl der Zeitungsexemplare, die jeden Tag gedruckt wird. Da jede Zeitung meist von mehreren Leuten gelesen wird, ist die Zahl der tatsächlichen Leser höher als die Auflage.

Aufmacher Die wichtigste Meldung, mit der die Zeitung auf der ersten Seite „aufmacht" und beginnt, heißt Aufmacher. Er sticht durch eine besonders fett gedruckte „Schlagzeile" und manchmal auch ein großes Bild hervor.

Chefredakteur Er ist, wie der Name sagt, der Chef aller → Redakteure einer Zeitung und verantwortlich für das, was in der Zeitung erscheint.

Impressum Es enthält Angaben über den → Verleger und Herausgeber, den → Chefredakteur und die → Redakteure der verschiedenen „Ressorts" (Teile) der Zeitung sowie den Preis der → Anzeigen und der Zeitung. Muß in jeder Zeitung und Zeitschrift abgedruckt sein.

Interview Ein Gespräch, das ein → Journalist mit einer wichtigen Person führt und das so in der Zeitung abgedruckt wird, nennt man Interview.

Journalist (sprich Schurnalist) Er sammelt, schreibt oder bearbeitet Artikel und wählt aus der Menge der Nachrichten die aus, die in der Zeitung abgedruckt werden sollen. Manche Journalisten sind fest bei einer Zeitung angestellt, andere arbeiten für mehrere Zeitungen. Auch beim Rundfunk und Fernsehen gibt es Journalisten.

Karikaturen sind lustige oder übertriebene Zeichnungen von Personen, oft mit einem kurzen Text.

Kommentar Hier schreibt ein → Journalist seine persönliche Meinung zu einem Ereignis. Solche Kommentare sind in guten Zeitungen deutlich von → Nachrichten und Berichten zu unterscheiden.

Korrektur Bevor die Zeitung gedruckt werden kann, müssen die verschiedenen Artikel noch einmal genau überprüft werden, damit nichts Falsches in der Zeitung steht. Trotzdem geraten manchmal Falschmeldungen in die Zeitung, über die der Leser lachen muß. So etwas nennt man eine „Zeitungsente". Beispiel: Eine Überschrift lautet: „Herr biß Hund" statt „Hund biß Herr".

Nachricht Hier schreibt ein → Journalist, wie etwas tatsächlich geschehen ist, ohne seine persönliche Meinung dazu zu äußern. Eine vollständige Nachricht muß Antwort geben auf die sechs Ws: Was? Wer? Wann? Wo? Wie? Warum? Das Wichtigste gehört an den Anfang, damit der Leser schnell und kurz informiert ist. Will er mehr wissen, kann er den ganzen Artikel bis zu Ende lesen.

Nachrichtenagentur Die Zeitungen können nicht überall in der Welt eigene → Reporter haben. Darum sind sie an Nachrichtenagenturen angeschlossen, die ihnen gegen Bezahlung Informationen von überall her in die Redaktionen liefern. An den Abkürzungen kannst du erkennen, von welcher Agentur eine Nachricht stammt; „dpa" ist die Abkürzung für „Deutsche Presseagentur", „AP" ist eine amerikanische Presseagentur.

Redakteur Das ist ein fest bei einer Zeitung angestellter Journalist. Die Konferenz aller Redakteure, die sogenannte Redaktionskonferenz, wird vom → Chefredakteur geleitet.

Reporter Er berichtet von besonderen Ereignissen direkt vom Ort des Geschehens.

Verleger Ihm gehört der Verlag, in dem die Zeitung erscheint. Er bestimmt wesentlich die „Richtung" einer Zeitung. Darunter versteht man, welche Meinung eine Zeitung zum Beispiel zur Politik vertritt.

WIR MACHEN UNSERE

Beiträge gesucht!

Wir suchen für unsere Zeitung noch spannende und lustige Berichte. Wer schreibt mit?

„Wir könnten doch selbst eine Zeitung machen", haben sich diese Viertkläßler gedacht. Alle waren begeistert und voller Ideen, und jeder wollte am liebsten gleich anfangen. Damit aber eine gut aufgemachte und ansprechende Klassenzeitung entsteht, muß sorgfältig geplant werden – genau wie bei einer richtigen Zeitung auch. Vielleicht habt ihr Lust, unter die Zeitungsverleger zu gehen? Dann helfen euch die Tips auf diesen beiden Seiten. Also viel Spaß bei eurer ersten Redaktionssitzung! Wenn euch eine Klassenzeitung gelungen ist, schickt doch dem Tausendfüßler auch ein Exemplar. Der ist gespannt auf eure Ideen und freut sich schon heute.

RÄTSEL
BUCHTIPS
TAUSCHBÖRSE
BESUCH BEIM KELTENFÜRSTEN

Planen

- Für wen wollt ihr eure Zeitung machen, nur für die Kinder eurer Klasse oder für alle Kinder der Schule?
- Wie soll eure Zeitung heißen? Denkt euch einen möglichst originellen und „zugkräftigen" Titel aus!
- Welche Teile soll eure Zeitung haben? Was interessiert eure künftigen Leser besonders?
- Wie soll eure Zeitung „gedruckt" werden? Welche technischen Möglichkeiten habt ihr dafür an eurer Schule? Können euch beim „Druck" vielleicht Eltern helfen?
- Welches Aussehen soll eure Zeitung haben? Das hängt sehr von der Art des „Drucks" ab. Die meisten Möglichkeiten habt ihr, wenn eure Seiten kopiert werden. Dann könnt ihr die Seiten fast wie richtige Zeitungsseiten gestalten.
- Welche Kosten entstehen bei der Herstellung eurer Zeitung? Wollt ihr Anzeigen aufnehmen? Soll eure Zeitung kostenlos erscheinen, oder wieviel wollt ihr für ein Exemplar verlangen?

Eine Redaktionsstunde

Nun sind wir schon ganz schön lange eine feste Redaktionsgemeinschaft, aber noch keiner unserer Zeitungsleser weiß, wie eine Redaktionsstunde verläuft. Deswegen will ich jetzt einmal eine beschreiben.

Jeden Dienstag um 14:05 Uhr ist eigentlich die ganze Redaktion versammelt! (Bloß manchmal kommt jemand zu spät oder fehlt.) Und zwar versammelt sich die Redaktion im Zimmer 12 im oberen Gang. Bevor wir das Klassenzimmer betreten, hängen wir Jacken und Mäntel auf die Haken an der Wand neben der Tür. Dann setzt sich jeder auf einen Platz. Frau Brombach hat uns dann meistens einen neuen Beitrag oder irgend etwas vorzulesen, oder sie berichtet uns etwas. Manche Kinder arbeiten gleich an ihrem Bericht für die Schülerzeitung. Andere Kinder beratschlagen erst noch mit Frau Brombach, was sie als nächstes machen könnten. Viele kommen aber auch, um sich ihr gemaltes Bild oder einen Bericht korrigieren zu lassen. Dabei vergeht die Zeit wie im Flug, und um 15:30 Uhr machen wir ja schon Schluß. Wir arbeiten aber in einem durch ohne eine Pause. Auf jeden Fall macht es mir und sicher auch den anderen Spaß, ein Redaktionsmitglied zu sein.

Friederike Schönhuth, 4d, Stadtmitte

Eine Zeitung für die ganze Schule, also eine Schulzeitung, geben die Grundschüler aus Bad Mergentheim heraus. Weil ihre Zeitung besonders gelungen ist, erhielten sie dafür schon einen Preis. Wie bei ihnen eine Redaktionssitzung vor sich geht, erfahrt ihr hier. Gibt es auch bei euch eine Schulzeitung?

Inhaltsverzeichnis

	Seite
Liebe Schüler	3
Eine Redaktionsstunde	
Kleine Chronik aus der Stadtmitte	4/5/6/7
Eine Schneewanderung	8
Radfahrprüfung	9
Was es in den Tiefen des Mittelmeeres zu sehen gibt	10/11
Mützenwexel	12/13
Fasching	14/15
Die Tiere feiern Karneval	16/17
Hokus-pokus	18
Pünktchenspiel	19
Anzeigen	20
Rätsel, Witze	21–24
Ginger	25
Ein Märchen	26/27
Von meinen drei Hasen	28
Unser Wintergast	29
In den Finger geschnitten	30
Leichtathletik	31
Schuß- und Toor!	32
Babysitten	33
Eine Sendung, die mir gefällt	34
Preisrätsel	35
Von Rittern und Burgen	36
Schutz und Trutz: Die Burg	37
Eine Ostergeschichte	38/39
Oster-Eier-Salat	40
Veilchen; Sommer und Winter	41

Anschrift der Redaktion:
ABC Schülerzeitung, Grundschule Bad Mergentheim
Schulgasse, 6990 Bad Mergentheim

Schreiben

– Sammelt zuerst Ideen! Überlegt dabei, was für eure Zeitung wichtig und interessant ist!
– Macht auch Interviews, befragt Fachleute und bittet Lehrer, Eltern und Mitschüler um Stellungnahmen zu bestimmten Themen.
– Vergebt jetzt die Aufträge! Ihr bildet am besten Gruppen, die für bestimmte Bereiche eurer Zeitung verantwortlich sind: „Sportreporter", „Heimatforscher", „Schulredaktion", „Kochstudio"...
– Schreibt eure Beiträge zuerst einmal im Entwurf!
– Vor der Reinschrift müßt ihr eure Beiträge sorgfältig korrigieren. Bei Sachfragen helfen Lexika und Sachbücher, bei Rechtschreibproblemen Wörterbücher. Sicher hilft auch euer Lehrer, wenn ihr selbst nicht mehr weiterwißt.

Gestalten

– Die korrigierten Texte können nun – je nach Druckart – sauber auf Matrizen oder ein weißes Blatt geschrieben oder in der Schuldruckerei gesetzt werden.
– Die äußere Gestaltung ist für das Aussehen der Zeitung besonders wichtig. Die Überschrift sollte groß und auffällig „abgesetzt" werden. Für manche Beiträge empfiehlt sich eine andere Schriftart. Damit die Seiten gut lesbar und übersichtlich werden, solltet ihr sie wie bei einer richtigen Seite in Spalten einteilen.
– Werden die Seiten kopiert, könnt ihr zur abwechslungsreicheren Gestaltung Buchstaben und Wörter aus Zeitungen und Zeitschriften ausschneiden und aufkleben.
– Praktisch sind auch Rubbelbuchstaben und Aufkleber, die ihr in Schreibwarengeschäften kaufen könnt.
– Wichtig zur Auflockerung der Seiten sind Bilder und Zeichnungen. Sogar Fotos lassen sich gut kopieren. Wenn ihr Matrizen verwendet, sind allerdings nur einfache Strichzeichnungen möglich.

Vervielfältigen

– Bevor eure Seiten vervielfältigt werden, müßt ihr sie nochmals korrigieren, damit euch der „Druckfehlerteufel" keinen Streich spielt.
– Jetzt kann endlich „gedruckt" werden. Am billigsten ist das sogenannte Umdruckverfahren mit Matrizen und einem Umdrucker, wie er oben auf dem Foto zu sehen ist und wie ihn wohl alle Schulen besitzen.
– Das Kopieren ist teurer, aber dafür habt ihr mehr Gestaltungsmöglichkeiten für eure Seiten.
– An manchen Schulen gibt es eine Schuldruckerei wie auf dem Foto unten. Eine ganze Zeitung so zu setzen, braucht aber viel Ausdauer.
– Manche Schulzeitungen werden in einer richtigen Druckerei gedruckt. Das ist nicht gerade billig.
– Zuletzt müßt ihr die vervielfältigten Seiten in der richtigen Reihenfolge zusammenlegen und heften. Jetzt könnt ihr eure Zeitung vertreiben. Seid ihr auch schon gespannt auf die Meinungen und Leserbriefe zu euren Beiträgen?

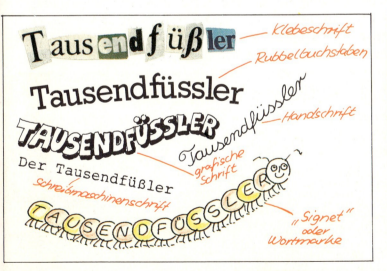

Seit der Erfindung des Buchdrucks durch Gutenberg vor etwa 500 Jahren wurde so mit „Lettern" gesetzt. Das sind Metallbuchstaben in Spiegelschrift. Beim Abdruck wird der Buchstabe richtig wiedergegeben, ähnlich wie bei einem Stempel. Heute erledigen elektronische Satzanlagen die Arbeit des Setzers. Die metallenen Lettern sind weitgehend überflüssig geworden.

FAHRRAD FANS FAHREN AUF NUMMER SICHER!

Bereitet euch deshalb besonders gut auf die Radfahrprüfung vor!

Die Polizei teilt mit, daß die schuldhafte Beteiligung an Radfahrerunfällen bei den ausgebildeten Kindern geringer war als bei den unausgebildeten.

In einer Jugendverkehrsschule

Die Kinder üben das gefahrenträchtige Ausfahren aus Grundstücken (A)

Abstand halten heißt hier die Parole (B)

Nicht einfach Handzeichen geben, ohne sich vorher umzuschauen (C)

Nur sich umschauen genügt auch nicht... (D)

So ist's richtig (E)

Schwierige Situation: Wer hat hier Vorfahrt? (F)

Lernziel: Vorbeifahren am Hindernis (G)

Üben des Linksabbiegens hilft einer Hauptunfallursache vorbeugen (H)

diese Klasse übt in einer **Jugendverkehrsschule.** Vielleicht ist auch in eurer näheren Umgebung eine dieser Schulen. Wenn ihr einen geeigneten Schulhof habt, dann kommen die Polizisten auch zu euch und helfen euch beim Lernen und Üben.

① Anfahren und Anhalten

a) Fahrrad in Fahrtrichtung auf die rechte Fahrbahnseite stellen

b) Umsehen nach hinten links (Rückschaupflicht), auf den Verkehr von hinten achten

c) Handzeichen links geben (Anfahrtzeichen)

d) zum Fahrtbeginn beide Hände am Lenker

a) Geschwindigkeit rechtzeitig und deutlich vermindern

b) Handzeichen nach rechts geben

c) dicht an den rechten Fahrbahnrand heranfahren

d) anhalten und nach rechts absteigen

Auf welchen Bildern übt gerade ein Kind das Anfahren? Wo ist es richtig?

PEDALSTELLUNG BEIM ANFAHREN!

② Rechtsfahren mit Sicherheitsabstand

Das Foto und die Zeichnung zeigen euch, welchen Abstand
zum **Fahrbahnrand** und
zum **vorausfahrenden Verkehrsteilnehmer**
ihr unbedingt einhalten müßt.

Findet die Gründe dafür!
Denkt an „Geschwindigkeit und Bremsweg"!

Findet ihr das passende Bild?

So groß sollte der Abstand zum Vorausfahrenden bei durchschnittlicher Geschwindigkeit mindestens sein.
Faustregel: „halber Tachoabstand"!

③ Vorbeifahren und Überholen

Häufig sind es auch Baustellen, an denen ihr vorbeifahren müßt und die euch zwingen, die Gegenfahrbahn zu benutzen.
Hier gelten dieselben Regeln!
An solchen Stellen sind immer auch besondere Verkehrszeichen aufgestellt.
Kennt ihr ihre Bedeutung noch?

⑥ *Handzeichen geben und wieder nach rechts fahren.*
⑤ *Sicherheitsabstand einhalten*
④ *Gegenverkehr Vorrang gewähren.*
③ *Einordnen*
② *Handzeichen geben*
① *Umsehen*

Bitte umblättern!

Wie üben die Kinder in der Jugendverkehrsschule das Vorbeifahren an einem Hindernis?

④ Linksabbiegen, Rechtsabbiegen

① Umsehen
② Handzeichen geben
③ Einordnen
④ Vorfahrtsregel beachten
⑤ Gegenverkehr vorbeilassen
⑥ Nochmals umsehen
⑦ In weitem Bogen abbiegen
⑧ Auf Fußgänger Rücksicht nehmen

① Handzeichen geben
② Vorfahrtsregel beachten
③ In engem Bogen abbiegen
④ Auf Fußgänger Rücksicht nehmen

Sucht das Bild, auf dem die Kinder gerade das Abbiegen üben.

Bitte umblättern

⑤ Vorfahrtsregeln beachten

Findet ihr das Bild, auf dem die Kinder in der Jugendverkehrsschule „Wer hat Vorfahrt" üben?

Bitte umblättern

⑥ Sich mit anderen verständigen

Mit Sprache kann man sich im Verkehr nur selten verständigen. Blickkontakt und Handzeichen sind wichtiger. Spielt, wie ihr euch im Verkehr verständigen könnt, ohne zu sprechen.

HIER DROHT GEFAHR!

Fahrradfans steigen ab, wenn's brenzlig wird!

Im Straßenverkehr treten häufig Gefahrensituationen auf, für die ihr selbst nichts könnt. Schuld daran sind häufig schlechte **Witterungsverhältnisse** (Regen, Schnee, Glatteis), der **Straßenzustand** (Schlaglöcher, Rollsplitt, Verschmutzung bei Baustellen, Herbstlaub, Straßenbahnschienen, Kopfsteinpflaster) und falsches, verkehrswidriges Verhalten anderer Verkehrsteilnehmer.

Fahrradfans rechnen immer mit Fehlern der anderen!

Viele lebensgefährliche Situationen entstehen aber auch durch leichtsinniges, **selbstverschuldetes Verhalten.**
Auf diesen beiden Seiten findet ihr Fotos, auf denen gefährliche Situationen abgebildet sind.

– Legt in eurem Heft eine Tabelle an, und ordnet die Bild-Nummern entsprechend ein.

Gefahrenursache	Bild-Nummer
Witterung	
Straßenzustand	
Verkehrswidriges Verhalten anderer	
Selbstverschuldetes Verhalten	

– Manche Nummern könnt ihr mehrfach zuordnen! Begründet das!

①

②

③

Auf den Spuren eines Heimatforschers

Der berühmte Heimatforscher Professor Schürf ist unterwegs. Diesmal erforscht er

- ⛫ Burgen und Schlösser
- ⟲ Museen
- N Naturdenkmäler
- ✝ Kirchen und Klöster
- T technische Sehenswürdigkeiten

Niemand weiß, wo er sich gerade befindet. Doch notiert er auf seinem Notizblock alle Sehenswürdigkeiten, die er besucht hat. Jedesmal, wenn er etwas Besonderes gesehen hat, schickt er eine Spielkarte an die Schüler der Klasse 4.

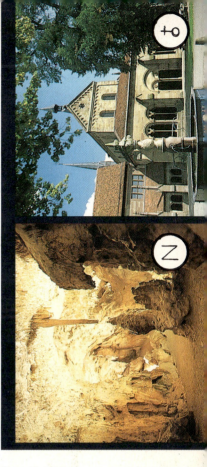

2–4 Mitspieler machen sich auf den Weg und wollen Professor Schürf suchen. Jeder sucht sich als Startplatz einen der oben abgebildeten Orte auf der Landkarte aus. Nun schickt der Professor seine erste Spielkarte an die Schüler. Diese ziehen von ihrem Ausgangspunkt aus durch das ganze Land und suchen nach dem Heimatforscher. Alle Spieler ziehen abwechselnd.

auf der Autobahn 1 Strecke,
auf der Bundesstraße bis zu 2 Strecken,
auf der Landstraße bis zu 3 Strecken.

Aus den Spielkarten, die ihr zugeschickt bekommt, könnt ihr schließen, welchen Weg Professor Schürf eingeschlagen hat. Euer Ziel ist, mit eurer Spielfigur genau das Feld zu treffen, auf dem sich Professor Schürf gerade befindet, bevor er seine 10 Spielkarten abgeschickt hat.

Die allerletzte Tausendfüßlerseite!

WAS MACHT 999 MAL KLICK UND EINMAL KLACK?

Ein Tausendfüßler mit Holzbein.

BEOBACHTUNGSSPIEL

Die Schüler der Klasse stellen sich paarweise auf. Sie haben Zeit, sich gegenseitig genau anzuschauen, während der Spielleiter bis 10 zählt. Dann drehen sie sich um und verändern etwas an ihrem Aussehen. Wenn der Spielleiter wieder bis 10 gezählt hat, drehen sie sich um und versuchen zu erkennen, was sich an ihrem Gegenüber verändert hat. Für richtige Angaben kann man Punkte geben.

Eine Tausendfüßler-Mutter zu ihrem Sohn: „So geht das aber nicht, mein Lieber! Wenn ich Füßewaschen sage, dann meine ich alle und nicht nur 999!"

WARUM FLIEGT EIN VOGEL WINTERS IN DEN SÜDEN?

Weil es zum Laufen zu weit ist.

WARUM STEHT EIN FLAMINGO AUF EINEM BEIN?

Wenn er das andere Bein auch noch einzieht, fällt er auf den Schnabel.

De klai Patient

Im Fritz isch's nit ghörig; mr sieht ems a,
er wird doch nit gar scho Fieber ha?
Sini Backe sin, wie bi me Pfiffer so rot,
de Lehrer frogt en, wie's em denn goht,
ob er sich villicht verkältet hät,
oder was em sunscht denn fehle dät.
Si Köpfli, des isch siidig heiß
un uff em Näsli glänzt de Schweiß:
M'r sieht's – er brüetet ebbis uus!
„Gang", sait de Lehrer,
„streck m'r Zunge mol nus!"
Doch de Fritz will dem Friede nit ganz traue:
„Di blibt drin, ich loß mir kaini an d' Ohre haue!"

Paul Nunnenmacher

SCHÜTZI DIE GUMMIBÄRCHEN! KEIN VERZEHR MEHR!

„Beeilt euch, Kinder, das Essen wird sonst morsch!"

SCHIALERGEBET

I be klei
ond lerna mias sei
bloß goht e mein Kopf
iberhaupt nix mae nei

Manfred Mai

ICH BIN SCHWER AUF DRAHT!